◆中华传统美德修养文库◆

运筹帷幄

徐潜　栾传大　主编

编委会

主任：徐　潜　栾传大

编委：张　克　范中华　王尔立

崔博华　樊庆辉　王文亮

吉林文史出版社

图书在版编目（CIP）数据

运筹帷幄／徐潜,栾传大主编.——长春:吉林文史出版社,2008.4
（2021.11 重印）
（中华传统美德修养文库）
ISBN 978 - 7 - 80702 - 798 - 0

Ⅰ.①运… Ⅱ.①徐… ②栾… Ⅲ.品德教育—中国—通俗读物
Ⅳ.D648-49

中国版本图书馆 CIP 数据核字（2008）第 051015 号

丛 书 名 中华传统美德修养文库
　　　　　 YUNCHOUWEIWO
书 　　名 运筹帷幄

主 　　编 徐　潜　栾传大
选题总策划 徐　潜
项 目 负 责 王尔立
责 任 编 辑 张雅婷
责 任 校 对 李洁华
装 帧 设 计 韩璘工作室
出 版 发 行 吉林文史出版社
地 　　址 福祉大路出版集团A座
网 　　址 www. jlws. com. cn
印 　　刷 三河市燕春印务有限公司
开 　　本 690mm×960mm　1/16
印 　　张 8
字 　　数 50 千字
印 　　次 2021 年 11 月第 10 次印刷
书 　　号 ISBN 978 - 7 - 80702 - 798 - 0
定 　　价 30.00 元

总　序

中国是礼仪之邦，是世界四大文明古国之一，有唯一历史发展不曾中断的记录。从公元前841年西周共和年代起迄今3000多年中所有的历史事件都有文字记载。在悠久的历史进程中积淀了丰富的文化遗产，形成了厚重的中华传统美德，至今仍滋润着她的子孙。在改革开放的新形势下，我们大力弘扬中华民族传统美德和优秀的人格修养，对于提高全民族的精神文化素质，提升国家的软实力，具有深邃的价值和深远的影响。

首先，它有利于协调人际关系。"和为贵"是中华美德的基本信条之一，建设社会主义和谐社会首先就要处理好人与人之间的关系，改善社会风气，使整个社会洋溢着和睦、和谐的氛围。这也是中华民族绵延几千年不断发展进步的重要思想基础。

第二，它有利于培养民族精神。"自尊，自立，自强"是中华民族的传统精神，民族精神是一个民族赖以生存和发展的精神支撑。中华民族之所以历经各种各样的磨难，仍然能够不屈不挠、昂首挺胸地走过来，就是因为以爱国主义为核心的团结统一、爱好和平、勤劳勇敢、自强不息的伟大民族精神在支撑、推动着我们民族的进步和发展。

第三，它有利于推动社会进步。"大同"社会是中华民族的传统理想，几千年来，中华民族传统美德促进了中国社会的文明与进步，使我国保留了令世人瞩目的灿烂文化。从原始社会、封建社会到近代社会，再到建立社会主义制度、推进社会主义现代化建设的今天，中国之所以能够不断发展进步，中华民族传统美德和优秀的人格修养发挥了重要的引领和推动作用。

中华民族的传统文化源远流长，是中华民族的灵魂，其精髓就是中华民族传统美德和人格修养。这是我们民族世世代代传承下来的瑰宝,几千年来不同时代先辈们身体力行,生生不息,中华民族传统美德深深植根在中华儿女的心里,融进血液中,也是现今中国人言行的准则,成为我们民族能够屹立于世界民族之林的重要根基。

今天,我们的祖国前进在改革开放与建设社会主义和谐社会的征程上,八面来风带来了全球各国的文化传统和社会价值观,信息传输手段的多元化以及国际交流日益频繁等,各种思潮和思想纷纷涌入国门,中华传统美德和人格修养也面临着能否与时俱进、继续在当代中国人的精神家园中占据主流地位的挑战。2006 年 3 月,党中央提出了"八荣八耻"的社会主义道德观和价值观,党的十七大又提出了"弘扬中华文化,建设中华民族共有精神家园"的方针,从历史与现实结合的高度充分肯定了中华传统美德和人格修养的历史价值,也表明了弘扬传统美德和人格修养的重要意义。

本书以讲历史故事的形式生动形象地按类讲述中华传统美德的经典事例,寓道理于故事之中,化物于无形,使青少年能在轻松愉快的阅读中潜移默化地接受美德的熏染,陶冶心灵，感受中华民族传统文化的博大精深，了解中华民族传统美德的根深叶茂，为是中华美德造就的现代中国人而自豪，更深刻地理解走有中国特色的社会主义道路的必然性。从而激发人们建设美好社会，建设美好家园，建设新生活的冲天豪情。

前　言

　　孙子曰："凡用兵之法，全国为上，破国次之；全军为上，破军次之；全旅为上，破旅次之；全卒为上，破卒次之；全伍为上，破伍次之。是故百战百胜，非善之善者也；不战而屈人之兵，善之善者也。"孙武认为在战争中使敌人全部屈服是上策，而击溃、攻破就差一些了；百战百胜并不是最高明的用兵谋略，只有不战而使敌人屈服，才是最好的用兵之法。

　　孙武提出："知彼知己，百战不殆；不知彼而知己，一胜一负；不知彼，不知己，每战必殆。"这个科学论断完全符合战争的一般规律，一代一代的兵家不断加以继承，并从不同的侧面给以解说。

"夫运筹帷幄之中，决胜千里之外，吾不如子房。"刘邦率兵遣将，攻秦伐楚，靠的是谋士张良在身边出谋划策。兵者时时提及，今日已成为成语，已非为兵家所专用。

　　运筹帷幄关键是用谋、用智、用计。古代兵家为了本国、本集团的利益，自有其历史的、阶级的局限性，各种计谋无所不用其极。但是，其中仍有不少精华值得借鉴。在当代，这一用兵思想已不仅仅囿于军事领域，各行各业都在运谋施计，以战胜对手。

目 录

樵夫诱敌楚屈瑕智伐绞

春秋初年，楚王派大将屈瑕去和贰、轸两个小国订立盟约。

那时候，长江中游和汉水流域有很多小国，它们往往相互结为盟国，攻打其他国家，或者共同抵御敌国的进攻。楚国的这一外交行动，立即引起周围国家的惊恐。

轸的北面有个叫郧的小国，觉得楚和贰、轸结盟，将对自己不利，就决定先下手为强，联合随、绞、州、蓼四国，进攻楚国。郧人的军队开到紧靠轸国的蒲骚（今湖北应城西北），等候四国军队前来会合。

屈瑕得悉这一情况，十分着急。他担心五国联军将对

楚国构成一定威胁。

这时，大将斗廉献计说：

"郧人的军队驻扎在自己的郊野，肯定以为我们不会去进攻，没有什么戒心。我们应该抓住这个战机，主动出击，先发制人。请将军在这儿防备四国军队的进攻，我率领精锐部队，连夜进军，对郧人来个突然袭击。郧人对楚国本来就心存畏惧，只想依仗城墙固守，军队没有什么斗志。我们以迅雷不及掩耳之势，打败郧人的军队，其他四国军队也就分崩离析了。"

屈瑕接受了这个建议。

这天晚上，楚国军队对蒲骚发起突然进攻，郧人仓促应战，被打得大败，被迫与楚国签订了城下之盟。四国军

队知道了，只好半路上撤军回国。

绞国是汉水上游一个很小的国家，这次也参加了进攻楚国的预谋，楚王非常恼火，次年就派遣军队前去讨伐。

楚国军队跋山涉水，很快就到达绞国都城（今湖北郧县西北），在城南安营扎寨。

将士们摩拳擦掌，恨不得马上攻进城去。屈瑕对大家说："绞人就这么丁点儿大国家，像井底之蛙，轻狂好战，不懂计谋。我只要略施小计，不费吹灰之力就可以打败他们。"他吩咐了一番，大家便依计分头行动。

楚军没有忙着攻城，却派出很多樵夫上山砍柴，似乎准备长期围攻。樵夫们分头上山，后面也没有士兵保护，偶然碰见绞人，就吓得抱头鼠窜，结果有三十余人被抓进城里。

绞人听说抓来很多楚人，纷纷跑来围观。那些抓了俘虏的人，就像战场上凯旋归来的大英雄，得意洋洋。他们添油加醋地说："楚人都是胆小鬼、窝囊废，见了我们只会跑，根本没有招架之力。"围观的人都非常羡慕，抓了敌军俘虏，立了一件大功不算，家里还增加了一名奴隶呢！

第二天，绞人登上南门城头，察看楚军动向，只见楚军樵夫又上山砍柴了。绞人争先恐后，涌向北门，出城围捕樵夫。

楚军樵夫见绞人倾城而出，便依计向深山逃去。绞人不知是计，只是一味穷追。想不到这次楚人可不是窝囊废，追着追着，一会儿就不见了人影，有的人还反而被楚军樵夫打伤甚至杀死。

直到傍晚，绞人也没有抓到几个俘虏，灰溜溜地从北坡下山，准备回城。到了山下，他们才意外地发现，大批楚国军队已经在等着他们。

原来，屈瑕算准了绞人以为楚国军营在南门外，回城时都走北门，于是派出樵夫后，就带领军队，绕到北门外，等待绞人钻进圈套。

绞人想抓俘虏立功，想不到自己乖乖做了别人的俘虏。屈瑕强迫绞国订立城下之盟，班师回国。

古语说得好："香饵之下，必有死鱼。"用兵谋事也是这样，因为人性中贪婪的一面，使人常常会因利的诱惑，像鱼儿一样咬在钩上。故事中，屈瑕用樵夫诱敌，运筹帷幄，才有后来的决胜千里。

讨西羌赵充国缓追穷寇

战国军事家孙膑有一次和齐武王探讨军事问题。

齐武王问：

"攻击走投无路的敌人时，应当采用什么样的方法呢？"

孙膑回答说：

"不要对他们过于逼迫，要让他们有可能找寻生路，在他们找寻生路的时候，再设法消灭他们。"

无独有偶，汉朝大将赵充国，在讨伐西羌时，还真慢着性子，不紧不慢地和敌人周旋，终于消灭了敌军。

西汉时期，西北羌族分为很多部族，经常相互攻击。

先零羌是其中较大的一支，他们向汉朝要求渡过湟水，到北方没有汉人农田的草原放牧，遭到拒绝。先零羌很恼火，于是联合其他部族，尽释前仇，交质盟誓，背叛朝廷，侵扰边塞。

当时，后将军赵充国已是七十多岁的古稀老人，汉宣帝没想派他去讨伐，询问朝廷大臣还有谁能担此重任，赵充国却第一个站了出来，说："没有比老臣更合适的人选了。"

原来，赵充国是陇西人，对羌胡少数民族的生活习惯、风土人情十分了解。他从小羡慕驰骋沙场的将帅，勤学兵法，年轻时参加过进击匈奴的战争，有一次在战斗中身受二十多处伤，武帝连连称叹。汉宣帝见他老当益壮，勇赴国难，就派他率军去平息叛乱。

赵充国率军到达金城（今甘肃皋兰西南）时，因路途遥远，一万多人都长了很长的胡须，史书上称为"须兵万人"。军队在渡黄河西进时，赵充国恐遭敌人暗算，先派了一支小部队，在黑夜里偷偷地率先渡过河去，等他们在对岸立营后，才组织大军过河。

这时，有数百个敌人骑兵赶来，在汉军营旁出入。赵

充国告诫部将：

"我们这支兵马已经很疲倦了，不可再与敌人驰逐。这些敌骑看来都很骁勇，也许是敌人的诱兵。我们这次征讨，是为了把敌人全部歼灭，这么点小便宜千万不要贪图。"

他又派出游骑，探明前面没有敌人的伏兵时，才挥军前进。

叛军多次挑战，赵充国却坚守不出，准备以逸待劳，先打败杨玉为首的先零羌叛军，然后以威信招降被胁迫参加叛乱的其他部族。赵充国率领汉朝大军，直扑先零羌的营帐。

先零羌人本来就没有打过大仗，经过战阵，赵充国军还未到，他们早就生了懈怠畏战之心。当远远望见汉朝大军正向他们开来时，更是丢弃物资粮草，狼狈逃窜。

杨玉想带领羌人渡过湟水逃走，沿途道路狭窄，走得很慢。赵充国也让汉军缓缓地在羌人后面尾随，并不穷追猛打。

有人提出反对意见，认为现在汉军形势有利，应该快速追上去，消灭敌军，结束战斗，怎么能行动如此迟缓呢！

赵充国对他们说：

"穷寇不可追！我们缓缓地尾随，他们就只顾逃跑而顾不上我们；如果追得太紧，把他们逼急了，他们就会回过头来与我们决一死战了。"

羌人争先恐后地只顾逃跑，过河的时候，自相推挤，淹死了数百人，一路上投降汉军和被杀死的有五百多人，丢下的车马牛羊不计其数。

先零羌一败，其他部族就主动投降了。

赵充国缓追穷寇，以免敌人狗急跳墙，终于取得胜利。这是对《孙子兵法》"穷寇勿追"原则的创造性运用，其次，沉稳的性格，冷静的作战理念，都值得后人去学习。

豆覆车赤眉佯败诱邓弘

东汉初年，长安附近，三辅地带，经过多年的战乱，年成欠收，粮食奇缺，出现了人吃人的悲惨景象。昔日繁华的城镇，也见不到几个人在街上行走，千里原野，不见炊烟，只见满眼累累白骨。

就在这片土地上，英勇的赤眉农民军还在进行着一场艰苦卓绝的战斗。刚刚窃取农民起义胜利果实，建立东汉政权的光武帝刘秀，对农民军进行了残酷的镇压。

二十万赤眉大军面临着军粮奇缺的严重局面，刘秀企图借此机会，消灭赤眉军。他召回大将邓禹，面授机宜说：

"你千万要慎重，不要轻易和赤眉作战。赤眉没有粮食，自然会往东边来，我们只要以逸待劳，以饱待饥，消灭赤眉，易如反掌。"

刘秀又任命冯异为征西大将军，在洛阳以西的渑池和西南的宜阳一带，堵截东归的赤眉军。

邓禹曾经和赤眉军交战过很多次，每次都被打得落花流水，心里非常恼火，就带领车骑将军邓弘等人来见冯异，约他同时进攻赤眉军。

冯异说："我和赤眉军相持了几十日，虽然俘虏了几个猛将，但赤眉军骁勇善战，兵多将广，不宜贸然出击。"

邓弘年轻气盛，插嘴说：

"将军身负重任，难道就这么相持下去吗？"

冯异很不高兴地望了他一眼，接着说：

"皇上让我驻扎在渑池，阻击赤眉东归。等到时机成熟，我再绕到他们背后，东西两面夹击，就能一举取胜了。"

邓禹早已输红了眼睛，哪耐得住性子，听不进冯异的劝告，立即命令邓弘率自己的部下，向赤眉军发起了进攻。

赤眉军和汉军一场恶战，从日出打到日落。第二天，双方接着再战，打着打着，赤眉军似乎支持不住，渐渐向后退却。邓弘下令追击。

赤眉军退走的路上，七零八落地丢弃了很多东西，最引人注目的，是一辆辆装满大豆等粮食的车子。汉军的军粮也很缺乏，很多士兵都是饿着肚子在打仗，一看到这么多粮食，欣喜若狂，争先恐后地涌了上去，抢夺粮车。

"这是我们的！"

"这归我们了！"

一群群士兵推着粮车就走，更多的人围上来争夺。邓弘怎么也制止不住，全军大乱。混乱中，有些士兵拿起袋子往里面装粮食，意外地发现，除了表面一层，车里装的都是泥土！等汉军知道上当，已经迟了。

赤眉军突然杀了个回马枪，汉军毫无准备，还没来得及组织起有效反击，就被打了个措手不及，狼狈逃窜，再也没人抢粮了。

冯异和邓禹闻讯，连忙率领大队人马，赶来救援。赤眉军避其锋锐，早已撤离战场。

冯异见汉军被打得七零八落，士兵们一个个无精打

采，只好说："大家也实在太饿太累了，还是暂时休整一番吧！"

邓禹仍然不听，执意要找赤眉军决一雌雄，结果遭到更大的惨败。汉军死伤三千多人，邓禹只带了二十四个骑兵逃回宜阳。冯异更是狼狈，弃马而逃，只身爬到一个荒凉的山坡上，后来在几个部卒的帮助下，才逃回营地。轰轰烈烈的赤眉农民起义虽然失败了，但他们采用佯败之计，以豆覆土，引诱敌人，大败邓弘，这是古代战争史上的精彩篇章。说明农民起义军中也不乏巧于运筹、深谙韬略的军事人才。

战黄巾皇甫嵩避锐击乱

东汉末年，中原地区爆发了声势浩大的黄巾大起义。西北的胡人和羌人，也在陇西、金城等郡起兵，反抗东汉统治。一时狼烟迭起，西陲大乱。

金城人韩遂、原凉州司马马胜联合推举王国为首领。他们打败前去镇压的东汉军队，攻占了陇西地区的主要城池，接着挥师向三辅地区进击，包围了重要的军事据点陈仓（今陕西宝鸡），陈仓告急。

朝廷急忙任命皇甫嵩为左将军，董卓为前将军，统兵四万，前往救援。皇甫嵩当时是镇压黄巾起义的一员主将，曾经多次打败农民军，收复了许多城池。

皇甫嵩受命之后，没有立即下令进军救援。董卓见此情景，便对皇甫嵩说：

"陈仓已经很危险了，速救还能保全，迟了将会失陷。陈仓的存亡全靠我们的救援，请将军赶快发兵吧！"

皇甫嵩回答："不能这样。百战百胜，不如不战而屈人之兵。所以应该先使我军处于战无不胜的地位，来打击不堪一战的敌军。陈仓虽然是个小地方，但城池坚固，守御有备，不会轻易被攻破的。王国虽然兵多将广，但如果他对陈仓久攻不下，旷日持久，部众就会疲于战阵。王国攻打陈仓，将会使他自己陷于危境。等到敌人疲惫的时候，我们不必兴师动众，就能稳操胜券。现在何必匆忙去救援呢？"

董卓虽心中不服，也只得作罢。

王国的军队围攻陈仓,从头年冬天到第二年春天,持续了八十多天,终如皇甫嵩所料,没能把城攻破。由于长期围攻坚城,伤亡不少,士卒疲惫,只好撤围离去。

这时,皇甫嵩便乘势挥军前进。

当部队开始行动时,董卓却阻拦说:

"不能贸然进攻。兵法上不是说'穷寇勿追,归师勿追'吗?我们现在去追击敌军,不止是追穷寇,追归师吗?这些用兵的原则,我们怎么能够违反呢?"

皇甫嵩回答说:

"不能这样照搬兵法。先前我们不发兵救援陈仓,是为了避开敌人的锐气;现在挥师追击敌军,则是因为敌人久攻坚城,已经疲惫不堪。我们追击的是疲惫之师,而不是主动撤围的归师。王国的兵众既然是攻城失败而退走的,就说明他们已经丧失了斗志,军心已乱。我军一直在休整待战,士兵们的临战状态极佳,这是以整击乱,并非是追击穷寇。"

于是皇甫嵩独自率领大军追击,让董卓做后卫。汉军连战皆捷,把王国的军队打得溃不成军,杀敌万余人。

陈仓败退后,韩遂等人废掉王国,后来因内部争权夺利,相互火并,力量逐渐削弱。

在这次战役中,皇甫嵩表现了超群的军事才能,而董卓两次建议都被皇甫嵩否决,并被战局的发展证明是错误的。董卓为人,心胸狭隘,从此极为嫉恨皇甫嵩,再也不肯和他一起出征打仗。

董卓把持朝政以后,借故把皇甫嵩投入牢狱,将要杀他。皇甫嵩的儿子坚寿和董卓友善,连忙从长安赶到洛阳。董卓正在大摆酒宴,坚寿当众据理力争,并磕头流血,赴宴的客人也都跪下求情,董卓才作罢。董卓被杀后,皇甫嵩又担任征西将军。

《孙子兵法》说:"故善用兵者,避其锐气,击其惰归,此治气者也。"皇甫嵩因敌情的变化,灵活用兵,运筹帷幄,在战争指挥上是值得称道的。

布伏兵曹操归师败张绣

汉朝末年,董卓的部将张济、张绣叔侄从关中流窜到南阳一带。这对驻军许昌的曹操宛如芒刺在背。

曹操第一次进攻张绣时,张济刚死不久,张绣领了他的部众望风投降。曹操霸占了张济的娇妻,张绣心中恨恨不已,不久便率军倒戈,攻打曹操,杀死曹操的长子曹昂。曹操的坐骑也被流矢射中,曹操摔得鼻青脸肿,右臂还中了一箭,狼狈而逃。张绣引兵来追,被曹操击退,于是就到了穰县(今河南邓县),和刘表会合。

当时曹操忍着伤痛,恨恨地对部下说:"张绣算什么东西!出尔反尔,又愚蠢至极,竟然敢跟我作对。诸位走着

瞧,下次我非收拾他不可。"

第二年,曹操亲率大军,再次征讨张绣。谋士荀攸劝告说:"张绣和刘表互相依靠,势力很强。但张绣只是没有地盘的游寇,军资粮草仰赖于刘表,刘表供不应求,势必离叛。我们不如慢慢等待,如果进攻太急,刘表必定去救援。"曹操不听,围攻穰县。

张绣凭险死守,曹军一时无法攻克。

这时曹操听说,刘表将要派兵救援张绣,田丰也劝袁绍乘机攻打许昌,他连忙下令撤军。

张绣一看曹操被迫撤退,大喜过望,立刻出城追击。张绣紧紧尾随,穷追猛打,曹操的兵马无法前进,只能步步为营,边战边退,速度十分缓慢。

曹军将士心里很焦急,曹操却像没事一样,远望后面的追兵,笑骂道:"这蠢货,吃了一次苦头,也不长点脑筋,还真敢来追我。"将士们不知道曹操葫芦里卖的什么药。

曹操胸有成竹地给谋士荀彧写了一封信。信中说:"敌军紧追不舍,我军每天只能走几里地。我计划把敌军引诱到安众(今河南镇平县东南),然后把他们消灭。"

安众是个地势低洼的小城,一条小河从城边流过,古人

在这里筑堤拦水,安众成了个小港。刘表的援军早已驻扎在此,占据了河畔路边的险要地势,切断曹军的退路。张绣和援军会合一处,曹操前后受敌。

眼看着就要打败对手,活捉曹操,张绣狂笑不已,说:"明天我倒要问问曹操,到底谁收拾谁呀?"

当天晚上,张绣正做着黄粱美梦时,曹操动员全军将士,在山道上迅速凿开险阻,偷偷运走全部辎重,然后在路边布下了伏兵。

第二天天亮,张绣见曹军踪影全无,以为曹操逃跑了,便倾全数兵马来追。部将贾诩阻拦说:"千万不能追,追则必败。"张绣哪肯丢下到嘴的肥肉,下令追击。曹操一声令下,两翼伏兵鼓噪而出,把张绣杀得大败而逃。

贾诩连忙让张绣继续追击,张绣说:"刚才不听你的劝告,打了败仗,怎么还追?"贾诩说:"现在形势有变化,赶快追!"张绣收集散兵再追,果真打败了曹军断后的部队。

战后荀彧问曹操:"你当初为什么肯定能打败敌军呢?"曹操哼了一声道:"张绣那家伙竟然胆敢攻击我的归师,同我处于死地的军队决战,我早知道能打败他。"

张绣稀里糊涂地战败而归,百思不得其解。他问贾诩:

"我率领精兵追杀逃跑的敌军,你说必败;我带领残兵败将追击敌人的胜兵,你却说必胜。结果还真给你说中了,这是为什么呢?"

贾诩耐心解释说:"这道理很简单。曹操精通兵法,退兵时肯定有应变的准备,布置伏兵断后,追击必败。后来他打了胜仗还退走,肯定国内有变故,才急着赶回去,只留少数兵力断后,你的部队足以打败他们了。"

这次战斗中,曹操主动撤退,经过周密部署,粉碎了敌人的追击。

过西山袁尚救邺丧归兵

官渡之战以后,袁绍败退邺城(今河北临漳西),瞻前顾后,心情十分抑郁,很快得了重病,不到一个月,便吐血而死。三个儿子为了争夺继承权,互相火并,打得不可开交。

曹操雄心勃勃,早想铲平割据势力,统一北方。于是乘机再次挥师北上,进驻官渡,伺机向袁氏的老巢邺城进军。

当时占据邺城的老三袁尚,正忙于攻打大哥袁谭,令审配、苏由负责守城。曹操率军到达邺城南面的洹水,苏由就投降了。

曹军四面包围邺城,在城外筑土山,挖地道,发起猛攻。他采用许攸的计策,沿城四十里挖掘壕沟,引来漳河水,滔

滔滚滚倒灌入城。顷刻间,城中水深数尺,加上饥饿寒冷,军民乱成一团。

袁尚听到邺城被围困的消息,连忙回师救援。

曹军中许多将领参加过攻打张绣的战斗,记着曹操"归师勿遏"的告诫,于是纷纷议论:

"这是归师,人人都能奋勇冲杀,锐不可挡,不如避开它。"

出乎大家所料,曹操迟迟没有作出决定,而派遣许多探子往袁尚可能来的路上去侦察敌军动向。探子们很快就带回了情报。有的说:

"东边大道没有发现敌军。"

有的说:

"袁尚肯定从西边山道上来,现在已经到达邯郸。"

曹操大喜,对将领们说:

"我们过几天就能攻进邺城了。"

将领们满脸疑惑,不知道曹操喜从何来。有人壮着胆问道:

"袁尚大军回来救援,眼看就要对我军形成内外合击,丞相凭什么说得这样肯定?"

曹操轻蔑地一笑说:

"如果袁尚从东边大道浩浩荡荡地回来,说明敌军一心救邺,不顾死活,这样战斗力很强的归师,我们得避开它。现在袁尚沿西山小路回来,想依仗险要的地形,打仗时可进可退,说明敌军内心已有惧意,这样的军队没什么战斗力,称不上归师。袁尚这次是自取灭亡而已。"

袁尚率领一万多兵马,果然沿西山小路匆忙走来,在邺城北面十七里的滏水边安营驻扎下来。

当天晚上,袁尚命令士兵点燃火堆和城里守军联络,城中也点火相应。审配从城北出兵,想和袁尚内外夹攻曹军。曹操早有准备,指挥将士沉着反击,审配顶不住曹军的强攻,退回城内。袁尚也被击败,退到漳水边安营,曹军把他们紧紧包围。

不出曹操所料,袁尚一看曹军攻势,早已心生怯意,军营内也乱作一团。袁尚哪敢再战,慌忙派人到曹营请降。

曹操胜券在握,拒绝受降,命令部队加紧猛攻。这天晚上,袁尚借夜色的掩护,带了少数亲信仓皇逃窜,连印绶和衣帽都丢失了。

曹操让袁部降兵挑着袁尚的印绶衣帽给城里的士兵看,城中军心大乱。审配的侄儿以为主帅已死,便偷偷打开城门,迎曹军入城。

在这次战斗中,袁尚大批兵马回师救邺,曹操没有照搬"归师勿遏"的原则,而是作出两种假设,然后根据实际情况,制定对策,终于消灭了敌人。

诸葛亮七擒孟获

章武三年,刘备病亡,南中一带的益州郡(今云南东部)、越巂郡(今四川凉山)、牂牁郡(约在今贵州一带)起而叛蜀。由于刘备刚刚病故,诸葛亮便没有立即加兵征讨。

建兴三年,为了实现和抚诸夷,安定后方的方针,经过充分的准备,诸葛亮率蜀兵南征。出兵时,大将马谡送丞相诸葛亮数十里路程,并建议他说:"南中的叛贼借着地势险峻的优越条件。很早就不愿受我们的管制了。即使我们今天平定了叛乱,明天又有可能重新反叛。现在你倾全国的兵力去征伐强贼,如果他们知道蜀国内兵力空虚,定会加速叛乱。如果您想把这些乱贼都斩草除根,这既不符合仁义道德的情理,也不是一下子就能做到的。用兵之道,以使敌兵心服为上策,而以攻城为下策;心战为上策,而兵战则属下策。愿您能让叛贼心服而降。"

诸葛亮采纳了马谡的用兵之计,分三路进攻南中。门下都督马忠负责率东路军,直指牂柯郡,擒拿了牂柯首领朱褒,平定了叛乱,并且安抚郡里的百姓,深受当地人的欢迎。中路军的任务是攻占益州郡。将领为康降都督李恢,他率军从平夷(今贵州毕节)指向益州郡。在逼近益州郡时,其境内各县纷纷纠合,将李恢的部队围困在昆明。当时李恢的人马比敌人少一半还多,又缺乏外援,很难脱身。于是他设计逃脱。他对南人说:"现在我们的粮草已用完了,想要回去。我多次训斥部下说,假如今天能够出去,一定不能返回北方,要与你们一同商讨大计,共同战斗,因为有这样的想法,

所以我现在便以实话相告了。"围困他们的南人相信了这番话,故而设防松弛下来,趁此机会,李恢大破南人的围攻。益州郡也安定下来。

诸葛亮率主力部队西路军,在当年三月于成都出发,沿马湖江(今金沙江四川宜宾至金阳一段)进入越巂郡,然后抵达卑水(今四川美姑,昭觉邻境一带)等待机会进击。

这时,越巂郡首领高定所率的军队与益州郡雍闿的部队以及孟获的军队发生冲突,雍闿被杀。孟获惧怕诸葛亮的军威,因而退回益州郡。诸葛亮趁机攻下邛都(今四川西昌),斩杀高定,对其部下则实行安抚政策。当时,马忠的部队正跟踪追击西逃的朱褒,李恢的军队也摆脱重围,南下盘江,助马忠一臂之力。这三路大军都对孟获形成了进逼之势。五月,诸葛亮率兵渡过泸水(今金沙江四川渡口市至金阳一带),捉拿益州郡首领孟获于盘东(今云南曲靖、泸西一带),然后让他观看蜀军阵营,问他说:"我们蜀军怎么样?"孟获不服气地说:"以前不知道蜀军的虚实,所以被你们抓住了。现在蒙您赏赐我观看蜀营,如果蜀军只是这样的话,我下次定能轻易获胜。"诸葛亮笑了,下令放掉孟获,就这样,诸葛亮七次捉获他,又七次放掉他。孟获终于心悦诚服,至此,南中遂定。诸葛亮仍派孟获作南中首领,孟获感叹道:"你,真算是具有天威,南人再不会反叛了。"这就是盛传的诸葛亮"七擒孟获"。这年秋天,蜀军在滇池(今昆明南)会师,随后班师回成都。

心战为上,兵战为下。诸葛亮采纳了马谡的建议,以静中求变,通过"七擒孟获",安抚南中的手段,终于使得少数民族部落由叛乱转变为归顺,实现了巩固蜀后方,增强国力的目的。

观衅待敝魏军新城奏捷

东吴大将诸葛恪要出兵攻打魏国的淮南,大臣们都不同意,有人说:

"年年打仗,将士们太疲劳了,应该休息休息。"

诸葛恪不听,还说出一大套理由,他说:

"天上没有两个太阳,地上也不能有两个皇帝。如今曹魏大权旁落,君臣内外相互猜忌,兵败于外,民怨于内,亡国的迹象很明显了。我们不能白白放过这个机会。"

大臣们知道诸葛恪非要出兵不可,也就不敢再反对。

在进军途中,吴军将领建议说:

"我军深入敌国,攻击面不能太宽,不如只围新城(今

河北保定）。新城被围，魏国必发兵救援，我军乘机攻击，可获大胜。"

于是二十万吴军把新城围了个水泄不通。魏国朝野上下一片惊恐，将领们不敢率兵迎战。大将军司马师也很着急，向谋士虞松询问计策。

虞松说："诸葛恪倾其全部精锐部队，气势很盛，我们只能固守新城。吴军攻城不拔，请战不可，部众疲惫，势必自行退军。诸将不主动出战，对整个战局倒是有利的。"

当时，蜀汉大将姜维，应东吴之邀，从西边进攻魏国，司马师采用虞松的计策，只派了关中诸军迎战，姜维军中乏粮，立即撤退。司马师亲自指挥东线作战，命令镇东大将军毋丘俭、扬州刺史文钦等按兵扬州，做好反击吴军的准备。

毋丘俭、文钦一再请缨出战，驰援新城，解其燃眉之急，司马师对他们说：

"诸葛恪卷甲深入，投兵死地，兵锋锐不可当，你们不要和他正面作战。新城虽然很小，但城墙坚固，将士勇猛，吴军一时半刻也不易攻克。你们先按兵不动，等敌人疲惫后再行出击。"

吴军猛攻新城，一连三个月，也没攻克。士兵们日夜不

能休息,都想歇歇喘口气。这时候又到了七月,天热得像个大蒸笼,士兵们渴急了,常喝野外凉水,结果大伙儿不是中暑,就是腹泻,不少人哼哼呀呀地倒在地上。有的将军只好把这事报告给诸葛恪,诸葛恪攻不下新城,心里本来就窝着火,一听说害病的人这么多,更是火上浇油。他拍桌子瞪眼睛,大骂士兵装病,还说要再这么装病和谎报,就要把他们办罪。

这么一来,说有病的不多了,偷偷逃跑的人可多起来了,就连有些军官,也干脆往北逃到了魏国。

司马师知道吴军已经十分疲惫,正准备出兵反击。东吴朝廷里有些明智的大臣觉得诸葛恪的处境很危险,劝皇帝让他撤军。诸葛恪很不甘心地撤退了。

司马师立刻命令文钦率一支精锐部队,急趋要冲,截断了吴军归路,毋丘俭随后赶到。

吴军士兵匆匆忙忙,连军械都来不及搬走。那些有病的就更惨了,一路上你扶我搀,叫痛不止。沿途有病死的,有自杀的,没死的也唉声叹气。快到魏吴边境时,前面闪出一股魏军,正是文钦领人拦住了他们的退路。吴军队伍混乱,丧失了斗志,只顾拼命逃跑,被杀死了一万多人。

诸葛恪大军围困新城,以为魏军必定前来救援,便乘机进攻。司马师却严令文钦等在扬州按兵不出,伺机而动,等吴军疲惫已极,才一战而胜。

死诸葛走生仲达

8月中秋的一天,愁云密布,日月无光。五丈原蜀军营中呈现出一派肃穆的景象。中军大营的情形十分异常,只见许多高级将领进进出出,脸上都带着悲伤的神色。原来是蜀军主帅诸葛亮积劳成疾,在这一天与世长辞了。

噩耗一传出,军营内外,哀声恸地。有的呼天喊地,痛不欲生;有的嚎啕大哭;有的泣不成声,就像失去了自己的亲父母一样伤心……

蜀军因折了主帅,再也无心恋战。受遗命的姜维、杨仪等人商议了一下,决定退兵。为了防止魏军追来,秘不发丧,令全军将士暂不戴孝,封锁诸葛亮病故的消息。通过一番布置后,悄然退去。

几天以后,魏军的一个小探子急急忙忙地来到司马懿的帅营,说有很重要的事要报告,探子来到司马懿的面前,迫不及待地说:

"报告都督,蜀军大队人马全都退了!"

"啊!什么?你再说一遍!"司马懿吃了一惊。

"蜀军真的退走了,我亲眼看见的。"

"往哪个方向撤了?"

"汉中方向。"

"走的是大路还是小路?"

"大路。"

"咦?这倒奇怪了。"

这个消息使司马懿脑袋发胀,脸上也布上一层疑云:诸葛亮惯用智谋,不知是真的退了,还是以退为攻?退兵不走小路,竟走大道,这也大违常理。发兵追吧,怕中了诸葛亮的计;不追吧,又怕失去了大好时机。真叫人拿不定主

意……

不一会儿,知道了这个消息的手下的部将吵吵嚷嚷来到帅营,要求出兵追击。他们说:我们与蜀军在渭水已经相持一百多天了,都督严令我们坚守不出,我们憋了一肚子闷气,这下让我们痛痛快快地发一下吧。

司马懿拗不过众人的请求,只得同意发兵追击。为了谨慎起见,他决定亲自出马。

魏军出了大营后,一阵紧急行军,很快逼近了蜀军。

蜀军大将姜维见魏军赶上,根据诸葛亮临终前的面授机宜,急令杨仪整军停止前进,在原地列阵。把后队作为前队,掉转军旗,猛擂战鼓,摆出一副与魏军决战的阵势。

司马懿见蜀军阵容整齐,丝毫没有一点仓促退兵的混乱迹象,他一下愣在那儿。

猛然间,他似乎领悟到了什么,心中一惊,差点从马鞍上摔下来。口中连呼:"这下完了,又中了诸葛亮的计了。"他急忙让传令兵传令:

"传我令,退!……快退!"

他迅速拨转马头,带着人马仓皇地逃回大本营,这才松了口气。但也惊出了一身冷汗。暗自庆幸,还算见机得早,

否则今天就没命了。

不料,第二天又有探子飞马来报:

"禀告都督,诸葛亮死了!"

这下司马懿更加吃惊了,喃喃地说:"不会吧! 昨天的阵势只有他才能布得出来的。"

"都督,这是千真万确的,老百姓都知道了。"

当天,司马懿到了诸葛亮生前驻兵的地方察看。只见蜀军营垒设置,有条不紊,进可以攻,退可以守,不由地称赞说:

"诸葛亮真是天下奇才,我自愧不如啊!"

这事后来慢慢地传扬开来,老百姓编了一句顺口溜:"死诸葛吓跑了活仲达。"(仲达是司马懿的字)

在魏蜀相峙的紧要关头,蜀军死了统帅,这是很不幸的,但蜀军用虚而实之的策略,利用司马懿用兵谨慎又畏惧诸葛亮的心理弱点,反败为胜,这是很不简单的。这事也告诉人们:凡事谨慎是对的,但若是过了头,变得胆小多疑则是不对的,司马懿就是这样错失良机,才给后人留下了这个千古笑话。

三军夺气文钦兵败乐嘉

曹魏大权旁落,司马氏一门把持朝政,连皇帝也由司马氏生杀予夺。一些手握重兵的将领,不满司马氏的做法,兴兵叛乱。

镇东大将军毌丘俭、扬州刺史文钦在淮南一带发动军事反抗,假托太后的手令,移檄各地,还分别派四个儿子到东吴作为人质,求取援兵。毌丘俭、文钦率领六万兵马渡过淮河,向西进攻。

司马师当时正生着眼瘤,仍亲自率领十余万兵马征讨叛军。

叛军一路势如破竹,很快就占领了项城(今河南周

口）。司马师驻军汝阳（今河南商水西北），加紧构筑工事，等待东部军队集结来援。

诸将纷纷请战，要求率部强攻项城。司马师说：

"你们只知其一，不知其二。淮南将士本来没有叛乱的意愿，只有毋丘俭、文钦二人，梦想侥幸发迹，鼓三寸之舌，惑人视听，以为远近都会响应。想不到他们起事的时候，连淮北都不肯跟从。我率军征讨，他们的部将相继投降。所以这会儿毋丘俭、文钦心里正慌着呢！担心内乱外叛，又自知必败，就像被困在笼子里的猛兽，特别想跟对手拼斗。速战正好合了敌人的心意，虽然必定能攻克，但我军伤亡肯定也会很大。不如等城内将士自觉受骗，就能不战而胜了。"

于是司马师分派将领，断绝了叛军的归路，然后派邓艾带了一小股部队进驻乐嘉，故意向敌人示弱，引诱他们进攻。文钦果然带领自己的兵马前来攻打邓艾。司马师却暗中亲率大军，从近路直奔乐嘉，和文钦在途中相遇。两军结阵待战。

文钦的儿子文鸯，年纪才 18 岁，勇猛善战，是叛军的一员骁将。他向父亲建议：

"趁着敌人阵势还没有安定下来，我们登城鼓噪而出，

一定能够击破他们。"

父子俩商议定了,便分头行动。文鸯登上城头,擂了三遍战鼓,文钦那边却没有反应。

司马师高兴地对部下将领说:

"文钦要逃跑了。"命令派精锐部队追击。

诸将都不相信,说:"文钦是位久经沙场的老将,文鸯年纪虽轻,却也是员虎将。他们带领军队来进攻,并没有打败仗,怎么会逃跑呢?"

司马师解释道:

"古人说过,第一次击鼓可以鼓舞士气;第二次击鼓时,士气有所衰退;第三次击鼓时,士气已经消失殆尽。刚才文鸯擂了三遍鼓,文钦都没有反应,说明敌军士气低落,进攻的势头消灭了,不逃跑还等什么呢?"

文鸯果然引兵和文钦相会,准备向东撤退。文鸯说:"不先冲杀一阵,打击一下追兵的军势,我们很难脱身。"于是亲自带领十来个最勇猛的骑兵,向司马师的军队冲杀过来。

这会儿司马师的眼睛痛得受不了,正让随军医生给他割眼瘤。听说文鸯来攻,惊吓得眼球都掉出来。司马师害怕军队惊恐,把头蒙在被中,忍着撕心的疼痛,咬破了好几处棉被,也没让身边的人知道。

文鸯冲锋陷阵,所向披靡,然后迅速回马东逃。司马师传令骑兵、步兵紧随其后,穷追不舍。终于大败叛军,文钦父子只带了少数亲信逃走了。

毋丘俭听说文钦兵败,连夜扔下部众向淮南逃窜,不久被追兵杀死。

《孙子兵法》说:"三军可夺气,将军可夺心。"战争中士气和将心,二者缺一不可。故事中,文鸯虽然勇猛善战,但只是为了统治集团内部矛盾而叛乱,士气低落,必然失败。司马师听鼓声预知敌人退兵,可谓精通兵法了。

淝水战强秦失利

前秦建元十九年,苻坚下诏令向东晋大举进攻。因为在此之前,苻秦逐渐强大,已统一了黄河流域,不断向南扩张,此次出兵,意欲一举灭亡东晋。

苻坚派征南大将军苻融,冠军将军慕容垂等率步骑二十五万为前锋,苻坚亲率中路主力三十余万,东西万里,水陆并进。

在苻秦大举进攻的强大兵势下,东晋吏部尚书谢安派其弟谢石为大都督,统率其侄谢玄、谢琰、桓伊所率兵众仅只八万来应敌,相比之下,人数完全不成比例。

在前秦咄咄逼人的进攻面前,东晋朝野为之震动,不少文官武将,都惊慌失措,人们的注意力都集中在总指挥谢安身上。谢玄入帐问谢安的应敌方策,谢安只是说了一句:"我已另有安排。"就不再说别的。谢玄心中无数,但自己又不敢再次去问,就让张玄去问。张玄还未开口,谢安却带着谢玄乘车去山野游玩去了。玩了一阵,谢安就让谢玄陪他下棋。谢玄心中像一团乱麻,哪有心思和他下棋,但又不好表露,只好陪他下,平时谢安根本不是他的对手,今天却一连赢了他几盘。侍中桓冲怕指挥部兵力不足,增派三千士兵入卫京师,都被谢安退回到西部防线,一个也没留。

十月间,秦将苻融攻占寿阳,晋将徐之喜被俘。与此同时,慕容垂又攻占了东晋的郧城(今湖北安陆县),梁成驻扎洛涧,在维水上设置木栅,用来阻遏晋兵。前秦在大军压

境的形势下,派朱序为说客,向谢安劝降。朱序对谢安说:
"兵力相差如此悬殊,不如早点投降。"但朱序的心向东晋,
不仅没劝降,反而通情报,并建议应趁秦军还未全部集中到
位时,火速反击,败其前锋来击破前秦。

谢安、谢玄率军西线御敌,离洛涧还有二十五里地的时
候,由于害怕苻秦的强大兵力,就驻守不进。原来去增援寿
阳的晋将胡彬,途中得知寿阳失守,退守峡石,被秦兵所困。
派人送信求援被秦军截获,苻坚看到晋军或围或困,更加强
横,把大军留在项城,自己领八千轻骑来寿阳亲自督战。

晋军接受朱序的建议,晋将刘牢之先强行渡淮,攻击梁
成,大胜,斩梁成于阵前。乘胜攻击秦军,士卒因人多,只好
跳入淮水逃命,击毙及淹死者五万余人,并活捉其扬州刺史
王显等。

谢石等统军继进,直逼寿阳城下,苻坚、苻融在城上观
察晋军,只见其部阵严整,人数也不少,他们把八公山上的
树木都看成是东晋的军队,开始有点恐惧了。

谢石又派人对苻融说,两军对阵,淝水相隔,无法交战,
让秦军稍退出一部分地方,晋兵渡河过去好交战。秦将都
不同意,但主帅苻坚不听大家的意见,指挥队伍撤退,秦军

兵众，一见命令退却，不知何故，一退而不可收，谢玄等趁机渡水进击。朱序这时又在秦军中高声喊道："秦失败了！"使秦兵以为打败而溃退，于是纷纷溃逃，苻融督阵不让退也堵不住，秦兵自相践踏而死者，满山遍野都是尸体。苻坚本人也中了流矢，带伤逃命。

当时只有慕容垂的三万军队未遭损失，但他原先就一直想恢复燕国，根本与苻秦不是一条心，只是顾念平日恩德，没有抛弃苻坚。

谢安得到前线捷报的时候，正在和客人下棋，看完捷报仍不动声色地下棋，一点欢喜的神色也没表露。客人们问他，他只说："孩子们前线已击破贼等了！"但他过门的时候，门槛把木屐齿碰折他都不知道，可见他内心欢喜到何等程度。

淝水之战是我国战争史上以少胜多的著名战例。苻坚在军心不稳，民心背离，军士厌战等情况下，恃众轻敌，终致失败。东晋军根据情况及时调整方针，捕捉战机，终于获得胜利。

辂车白帢谢艾两败赵师

十六国时期,后赵征东将军麻秋率领八万大军攻打前凉。

麻秋长相凶恶,性情残暴,一路上杀人如麻。汉人听了他的名字,都不寒而栗。据说那时小孩一哭闹,母亲就恐吓说:"麻秋来了!"小孩立即吓得不敢出声。

后赵军队气势汹汹,攻占了很多城池。

前凉国王张重华任命谢艾为将军,率领三万军队,迎战麻秋。

谢艾是个二十多岁的青年将领,仪态儒雅。只见他乘了一辆马拉的轻便小车,头戴一顶白色的便帽,从容不迫地

指挥部队前进。这种车帽叫轺车白帢,一副当时读书人平常坐着闲逛的打扮。

麻秋远远望见对手这个样子,气得哇哇大叫:

"谢艾这个小白脸,竟然如此狂妄。这不是根本没把我放在眼里吗?"

立即命令部队发起进攻。

只见后赵三千精锐骑兵,手提黑槊,高声呐喊,冲了上去。谢艾的卫兵见敌军来得凶猛,十分惊慌,劝谢艾赶快乘上战马。

谢艾理也不理,反而下了轺车,坐在一把椅子上,泰然自若地指挥起来。后赵骑兵顿时傻了眼,以为前面设有伏兵,你看我,我望你,谁也不敢继续前进。

忽然,后赵军背后杀声顿起。谢艾派遣部将从侧翼小路包抄到后赵军阵后,发起了攻击。赵军急忙回身迎战。

谢艾乘势挥军进击,斩杀了敌人两员大将,杀死一万多人。

麻秋狼狈不堪,单枪匹马逃了回去。

过了几个月,麻秋再次率军渡过黄河,攻占了前凉三座城池。

前凉京师大震,张重华准备亲自率军出战,谢艾极力反对。张重华又派谢艾率步骑两万,前去迎敌。

谢艾在出征前,召开了一次誓师大会。他对将士们说:

"赵王石虎为人特别凶残,真是古今少有,后赵人也十分痛恨这个暴君。石虎穷兵黩武,从他上台以来,后赵几乎每年都打仗,虽然敌人看上去很强大,但实际上他们的国力已经很空虚,我们一定能彻底打败他们!"

刚巧这时,一阵西北风吹来,前凉军旗在秋风中迎风飘扬,旗帜直指东南方向。当时人们很迷信,军书上也说,如果军旗随风扬举,指向敌军方向,就说明利于作战,是胜利的征兆。谢艾趁机手指军旗,鼓动说:

"风向代表了上天的旨意。如今旌旗指向敌人,上天会保佑我们的。"

前凉军队士气倍增。

谢艾挥师进军,很快就遇上了敌军的前锋。前凉军队作战十分勇猛,后赵军被打得溃不成军,退至黄河以南。

谢艾乘势前进,向麻秋的主力部队发起猛烈攻击。麻秋大败,狼狈逃归。

后赵伐凉的战争至此以后赵的惨败而告终。

石虎一生,通过军事政变夺取王位,上台以后,内外战争连年不断。他在获悉麻秋兵败的情况以后,感叹说:

"我以偏师平定九州,现在合九州之力攻打凉国,却受困于枹罕。凉国有谢艾这样的良将,兵强马壮,是难以征服的。"

谢艾在历史上并不是一个很出名的将领,但他辂车白帕,临危不乱,镇定自若,奇谋独运,表现了一个优秀指挥者良好的军事素养。

将心夺后燕丧师参合坡

后燕时,太子慕容宝率领十万大军进攻北魏。

谋士张衮向北魏道武帝拓跋珪献计说:

"后燕近年在滑台、长子二地连打胜仗,慕容宝乘胜而来,士气旺盛。我们不能和他正面交锋,不如暂时避避,等敌军锐气消退,再伺机出战。"

北魏军队退到河西,慕容宝随即进驻五原(今内蒙古五原县),与魏军隔河相望。拓跋珪同时派军队切断燕军的后路,使燕军不能和国内互通音讯。

慕容宝在五原,听说北魏部署在河北河西等地的军队有十七万之众,不敢贸然过河进攻,又担心国内局势,内心十分焦急。

原来,慕容宝虽然长相不错,但处事却优柔寡断。他的兄弟慕容驎奸诈自负,很看不起他。皇后也向慕容垂建议说:"慕容宝只能守成,不是济世大才,应该另立太子。"这次慕容宝出征以前,慕容垂已经身染重病。"万一父皇去世,国内会不会有什么变故?"慕容宝心中忐忑不安。

拓跋珪得知燕军主将的这种心态,大喜过望,决定采取攻心战术。

有一天,慕容宝独坐军营,一筹莫展,忽然听到对岸北魏士兵正高声叫喊,仔细一听,不由大吃一惊。原来对岸喊的是:

"慕容宝,我们的使者从燕国回来说,你父亲死了,还不快快回国去。"

这时,他的几个随军出战的兄弟,慌慌张张地闯了进来,一个个满脸悲戚之色。慕容宝起初还有点半信半疑,架不住对岸一阵猛喊,加上几个兄弟相互情绪感染,以为父皇果真死了。

慕容宝六神无主,就去向军中占卜师靳安请教。靳安占了一卦,说:"快退军,可以免祸。"

慕容宝一听,更加惊慌失措。

一天晚上,慕容宝烧掉所有船只,连夜班师回国。当时黄河水面还没有全冻上冰,慕容宝以为魏军不能渡河,就一路只顾撤退,沿途连探子也没有布置。

不料过了几天,气候急骤变冷,河面结上一层厚厚的冰。拓跋珪大喜,立刻挑选了两万骑精兵,轻装急追,昼夜兼程。

第七天傍晚,拓跋珪率军追到参合坡西(今山西左云县西北),探子报告说,后燕军队在坡东小山下安营过夜。这时,刮起一阵大风,黑云滚滚,看上去像一道道堤防,或高或下,覆盖了后燕军营。靳安担心地说:

"今天猛刮西北风,应该加强警卫,派人沿来路侦察一番,而且要尽快离开这鬼地方,不然怕有危险。"

慕容宝虽内心恐慌,却不相信追兵来得这么快。勉强派出的士兵往回走了十多里就下马睡起大觉,哪里能发现魏军已到跟前了。

深夜,拓跋珪把部队分成两股,命令士兵一声不发,塞住马口,神不知鬼不觉,从东西两面包围了敌人军营。

第二天天刚亮,魏军士兵如猛虎下山。从两面山坡上向燕军营帐冲去。很多燕军士兵还沉睡在梦中,就被一阵叫喊声惊醒:"魏军追来了!"燕军营帐内外一片混乱,士兵们惊慌奔走自相践踏,一会儿就死伤了几万人。另外四五万人也无心应战,乖乖举起双手,做了俘虏。慕容宝只带了一千多人,狼狈逃走。

拓跋珪及时掌握敌将的心理动态,采用攻心战术,造成对方的心理混乱,然后以少数兵力,歼灭数倍于己的敌军。拓跋珪的冷静与沉着为自己的军队赢得了胜利,也减少了士兵的伤亡,战时的伺机而动,对战局的运筹帷幄,使得他能够决胜千里。

运奇谋拓跋焘力克统万

北魏太武帝拓跋焘在位的第二年,大夏国主赫连勃勃去世,他的儿子们争夺王位,发生内乱。拓跋焘认识到这是消灭大夏的天赐良机,决定兴兵讨伐。

拓跋焘亲率精骑两万,向统万(今陕西靖边县东北的城子)进军。时值隆冬,朔风呼啸,滴水成冰,加上寒流骤至,气温突降,奔腾的黄河也结了厚厚的冰层。北魏军从冰上顺利通过黄河,不几天就进逼统万城下。刚刚夺得大夏王位的赫连昌正在饮酒祝贺,忽报北魏军杀来,不觉大吃一惊。惊魂稍定,他即引兵出城,与北魏作战,被拓跋焘杀得大败,慌忙逃回城中,闭门坚守。

统万城墙高壁厚,易守难攻,北魏军几次猛攻,均未攻克。北魏军远道而来,又值寒冬,不宜久待,所以尽管拓跋焘已掌握了大夏的防备情况和军队实力,他仍下令班师。临行前,拓跋焘胸有成竹地对将士们说:"明年我们一定会马到成功。"

回到京都平城(今山西大同市东北古城)以后,拓跋焘加紧训练部队,重新调整作战计划:先派大将奚斤率军攻下长安。长安自古就是兵家必争的战略要地,赫连昌自然不愿轻易放弃,忙命弟弟赫连定带领精兵两万去夺回长安。奚斤守而不战,赫连定连攻不下,两军胶着起来。而这正是拓跋焘所希望的,也是他按计划安排的,意在分散统万兵力。

第二年五月,拓跋焘亲率步、骑、工兵计九万余人,再次

渡过黄河,直逼统万。但大军行至距统万仅百里之遥时,拓跋焘又改变了主意:命令工兵、步兵停止前进,留下攻城器械和军需品,就地宿营待命,只带三万精骑去进攻统万城。部将们无不忧心忡忡,进言说:"倘若骑兵久攻不下,我军将成为孤军,到那时连后退的路也没有哇!"

拓跋焘解释说:"用兵之道,以攻城为下策,不到万不得已时,不能拥兵攻城。现在如果九万大军齐发,步兵列阵,骑兵压境,工兵开路,必使统万城敌军望而生畏,决心死守城池,顽抗到底。那时,如急攻不下,迁延时日,部队疲惫,给养不济,欲战不得,欲退不能,情况可就危险了。我军骑兵擅长野战,所以我决定率骑兵直进。敌军见我力单,就会放松戒备,我再设法诱敌出城,在野战中消灭敌人,则统万必可攻克。"

众将听罢,无不佩服。

北魏军接近统万城时,拓跋焘命骑兵主力隐伏在高山峡谷中,只令小股骑兵到城下骂阵挑战。但是赫连昌也早有主意:任你叫骂挑战,我自闭门不出。同时密令围攻长安的军队撤围,内外夹击北魏军。

拓跋焘了解赫连昌的意图后,也十分担心,决定进一步诱敌上钩,险中取胜。于是命令围攻统万的骑兵匆匆撤退,做出一副要逃跑的样子,又派骑兵在城外抢夺粮草牛羊,以麻痹敌军,诱敌出战。

赫连昌终于中计,错误地认为北魏军已山穷水尽,便亲率城中三万大军倾巢出动。拓跋焘把敌军引诱到了西北方的旷野之中,不料这时忽然狂风大作,飞沙走石,北魏军将士纷纷要求暂避再战。拓跋焘正色道:"我大军不远千里来战,志在灭敌,敌倾巢而出,正是歼敌良机,飞沙走石实乃天佑我军,岂可后退。"遂令兵分两路,一路正面出击,一路抄敌后路。这个战法一举奏效,夏军首尾不能相顾,陷于两头挨打的被动局面。北魏军越战越勇,军威大振,夏军终于支持不住,四散溃逃,赫连昌见大势已去,拍马而逃,北魏军紧追不舍,赫连昌不敢再进统万,径自逃到上邽(今甘肃天水市),统万落入北魏军手中。

拓跋焘是我国历史上少数民族帝王中的佼佼者。看他进攻统万的娴熟军事技巧,可知后来他能统一中国北方,决不是偶然的。

宇文泰设奇兵二破高欢

东魏孝静帝时,执政高欢率大军到蒲坂(今山西永济县西南蒲州镇),声言要在黄河上架设三座浮桥,然后向西魏进攻。当时,东魏强大,西魏弱小。所以消息传开,西魏朝野一片恐慌。众大臣都向丞相宇文泰求教对策。宇文泰老谋深算,他早已看准:高欢在蒲坂造桥不过是虚张声势,目的在转移西魏的注意力。待西魏向蒲坂方向调兵防御,高欢就会派大将窦泰乘虚袭击长安。窦泰是东魏一员骁勇善战的悍将,曾屡立战功,非常傲慢。宇文泰就筹划利用他的骄气,以奇策挫败他的锐气。如果能战胜窦泰,高欢就会不战自退。

策划已定,宇文泰放弃对蒲坂方向的正面防御,而亲率一支精兵去奇袭窦泰。众大臣见宇文泰这样部署,一个个惊得面面相觑,疑惑地问道:

"大敌当前,我们不分兵把守关隘,做正面防御,反而去袭击远敌,这不是冒险吗?万一有失,局面怎么收拾啊!"

宇文泰胸有成竹地说:

"高欢为人,一向刚愎自用,他一定会认为我军必然死

守长安。而窦泰是个有勇无谋之辈,他不会对我们做出防备。如果我带兵前去突袭,不出五天就可以打垮他,到那时候恐怕高欢的浮桥还不能架设完成吧!"

于是,宇文泰统率轻骑六千,神不知鬼不觉地从长安出发,直进潼关,埋伏在距潼关十里的小关。此时,窦泰正在黄河北岸的风陵渡,听说西魏有兵来到,就贸然率军渡河作战。哪知他的渡河部队立足未稳,就遭到了宇文泰的猛烈进攻,死伤惨重。转瞬之间,窦泰的一万余将士就被打得一败涂地了。窦泰见败局已定,就挥剑自刎了。

窦泰兵败自杀以后,正如宇文泰所料,高欢匆忙拆掉浮桥撤退了。回到邺城(即今河南安阳),高欢恨得咬牙切齿,下令征调二十万大军,再次杀向长安,企图一举消灭宇文泰。

高欢率大军来到黄河边上,渡河之前,左右幕僚献计道:"近年西魏连年灾荒,如果我们派兵守住关卡要道,不让他们秋收,就可以不战而胜了。"高欢听不进去,一心想仗恃人多势众一战取胜。这时,尚书右仆射侯景又进言说:"我们应兵分两路,以便前后照顾。"高欢自以为兵多将广,已经胜券在握,所以也听不进去。

东魏大军一路浩浩荡荡前进到了渭曲(渭河边上,在今陕西大荔县南),碰到一片道路泥泞、深密广茂的芦苇塘。都督斛律羌举建议:"我们应留下一部分人马在此与宇文泰军厮缠,而以大队人马去偷袭长安。一定可以获胜。"不料,这一回不但高欢不听,连军中的左右大将也仰仗兵多将广,一派骄横,不肯听从。当时,东、西魏两支大军相距仅六十里,都在渭水洛河之间的沙苑一带。宇文泰统率的军队不足万人,与东魏二十万人无法相比。

但宇文泰仍坚持以奇谋巧计取胜的方针,他依据所搜集的敌情把自己的部队部署在沙苑以东的渭曲一带,令骠骑大将军李弼领兵在右,令散骑常侍赵贵领兵在左,各结成一个方阵。其余人马埋伏在密密层层的芦苇丛中。高欢仗恃人多势众,不顾地形条件,悍然下令进攻。东魏将士见西魏人马很少,争着去捉俘虏,一下子乱了阵脚。这时,埋伏在芦苇丛中的西魏人马呼喊着冲杀出来,李弼、赵贵率左、右军前后策应。东魏军战线太长,首尾不能相顾,越战越乱。西魏军则人人奋勇,个个争先,无不以一当十,以十当百。战将李标在敌阵中杀入杀出,骁勇异常。征虏将军耿令贵战袍已全被敌兵鲜血染红,宇文泰称赞说:"似此勇猛

杀敌,血染战袍,又何必以斩首的多少来论功呢?"东魏虽然兵多将广,但陷入泥泞的芦苇丛中,地形不利,又不能互相救援,所以伤亡惨重,大军很快溃散了。高欢只得率残兵怅然退出战场。

正是:人多不可恃,敌弱不可轻。

从此,东西魏的力量对比发生了变化。

战邙山周师失计向高陵

北周权臣宇文护联合突厥军队,进攻北齐。二十万大军浩浩荡荡,越过潼关,然后兵分三路,向东挺进。大将尉迟迥率领十万精兵,作为伐齐先锋,直扑洛阳。

当时,北齐国都在邺城,兵马重镇在晋阳,而洛阳是北齐在黄河南岸的一个军事要地。一旦占领洛阳,北周军队就将迅速北渡黄河,进攻北齐的心脏地带。洛阳一战,关系全局。

尉迟迥顺利进军,很快就包围了洛阳城,并派宇文宪、达奚武等部在洛阳东北邙山脚下安营扎寨。

北齐皇帝高湛,立刻派了两股部队前往救援,也驻扎在

邙山脚下,距离周军不
远。他们看到周军气势
汹汹,没敢进攻。

　　高湛紧急召见平原
郡王、大将军段韶。段韶
是北齐著名将领,很有军
事才能。一年前,他随高
湛驰援晋阳,提出以逸待
劳的计策,打败了北周军
队。高湛很信任他,所以
想听听他的意见。

　　高湛忧虑地问道:

　　"现在洛阳军情紧急,我想派郡王去解救洛阳之围。但
突厥在北方,常来骚扰,不得不防。不知郡王有什么高见?"

　　段韶说:"突厥经常在北部边境骚扰,就像人身上长了
疥癣;北周大举入侵,攻占城池,却是膏肓一样的重病。请
让我增援南方吧!"高湛一听,心情轻松多了。

　　段韶带领五千多骑兵,从晋阳轻装急行,昼夜不舍,五
天便渡过黄河,到达洛阳东北,和那里的北齐军队会师于邙

山脚下。

直到此时,北周军队还蒙在鼓里。原来,宇文护让尉迟迥先行抵达,包围洛阳的同时,要在黄河南岸阻拦北齐援军,等大军齐集洛阳城下,再发动进攻。但北周军将领麻痹大意,只派了几个探子在岸边侦察敌情。正巧这几天连日阴雾,探子没能发现北齐援军的到来。

第二天太阳还没上山,微露的晨曦预示着天气转晴了。段韶早早起床,带领二百名亲兵,会同友军将领,信步登上邙山,察看北周军形势。

他们走着走着,不知不觉就到了离北周军军营很近的太和谷。北周军发现他们,便向山上追了过来。

段韶当机立断,一面派人飞驰回营,集合兵马,迅速来援;一面指挥身边的几百人立即投入战斗。

段韶理直气壮地质问敌人:"你们为什么无缘无故侵我疆土?"

北周人无言可答,强词夺理说:"老天叫我们来的,何必多问!"

段韶怒道:"老天奖善罚恶,那是叫你们都来送死了!"

北周军大都是步兵,嗷嗷叫喊着,向齐军冲来。他们举

着武器，从下往上攻，特别费劲，战到下午，一个个累得精疲力尽。

段韶率领齐军士兵且战且走，把敌人引进深谷。齐兵骑着马，手提刀枪，顺手一刺，就可杀死一个敌人，于是越战越勇。

段韶一看反攻的时机已经成熟，一声令下，士兵们跳下战马，居高临下，向北周军猛冲下去。北周军锐气已衰，顿时瓦解，或坠下山崖，或投进溪谷，尸体满山遍野，随处可见。北齐军乘胜突进，到了洛阳城下，尉迟迥无心恋战，就撤了洛阳之围，班师回国。这天晚上，宇文宪收集残部，连营幕也顾不得收，匆忙逃走。北周兵败邙山，原因很多，从地形上说，北周军从低处往上冲，无疑是不利的。《孙子兵法》说："高陵勿向。"北周军犯了兵家大忌，怎能不败呢？

奇谋迭出刘兰成诈胜敌

隋炀帝时期,北海郡义军首领綦公顺率众三万攻打郡城(今山东昌乐东南)。义军攻占外郭后,急攻内城,城中粮食已尽,危在旦夕。

有个叫刘兰成的读书人,暗中纠集了一百多个骁健的市民,趁义军不备,突然袭击。内城中的守军见有援军,便一起出击,把义军赶出了郡城。城里的官员把军民分成六部,分派将军统领,刘兰成因为立了这一大功,也带了一支军队,准备继续守城。

这时,有个姓宋的书佐,离间诸军将领说:"刘兰成深得众心,对将军们很不利,不如把他杀了。"

诸将虽然不忍心加害刘兰成，但夺了他的兵权交给宋书佐，刘兰成怕迟早要丢了性命，就出城投奔綦公顺。义军对刘兰成的到来非常高兴，推举他做首领，刘兰成坚决推辞，最后担任了长史，一切军机大事仍听他的指挥。

过了五十多天，刘兰成从义军中精选了骁健者一百五十人，骚扰郡城。在离城四十里的地方，留十人，打了很多柴草，分成一百多堆；二十里的地方，留二十人，各执大旗；距城五里处，又留三十人，让他们在险要处埋伏；刘兰成自己带领十人，夜里进至离城一里左右的地方潜伏下来；其余八十人分别部署在机动的位置，规定听见鼓声就抄取人畜，迅即离去，同时一齐点燃草堆。

第二天早晨，郡城中守军远望路上没烟尘，知道没有义军大部队行动,就放心地出城砍樵放牧。快到中午,刘兰成带了十个士兵直冲城门,城上就敲起战鼓,义军伏兵四出,抄掠了许多牲畜和砍柴放牧的人回去。等抄掠的人已经远去,刘兰成才不紧不慢地走回去。守军出城追击,怕有伏兵,不敢追远,又见前有旌旗、烟火,就连忙退回城去。后来城里得知刘兰成只带了一百多人,后悔当时没有紧追。

一个月后,刘兰成真的要攻打郡城了,又带了二十人直抵城门。城中人以为刘兰成还是像上次那样前来抄掠的,都争着出城追赶,还未追出十里,綦公顺率大军赶到,隋兵急忙向城里逃去。綦公顺大军直追城下,刘兰成向城里喊话,劝他们投降,城中守军内外交困,走投无路,争着举起了双手,义军顺利入城。

到唐武德元年,另一支义军首领臧君相听说綦公顺占据北海,率众五万前来争夺。綦公顺的兵马少,很恐惧。刘兰成向綦公顺献策说:

"臧君相如今离这儿还远,必定没有防备,请将军倍道前行,偷袭他们的营寨。"綦公顺接受了这个建议,亲自率领五千个骁勇善战的士兵,借道袭击臧君相军营。

刘兰成带了二十个敢死士先行,到了距离臧君相军营

十里的地方，发现一股出来抢劫的敌军士兵正挑着担子往回走。刘兰成等灵机一动，也挑着菜米锅盆之类东西，装作臧军抄掠者，走上去和他们同行攀谈，查明了他们的番号和主将姓名。到傍晚，又跟他们混进臧军营寨，挑着担子走了一圈，尽知敌军虚实和晚上的暗号。等到深夜，臧军主将幕前杀声顿起，臧军部众不知是怎么回事，惊慌奔走，綦公顺率主力及时赶来，立即发动进攻。臧君相遭此突然袭击，不知所措，被打得大败。

綦公顺、刘兰成带着数千俘虏和缴获的大量军资米粮，凯旋而归，军势大振。

《孙子兵法》说："兵以诈立。"刘兰成为打败敌手，匠心独运，奇谋迭出，堪称一位用诈的高手。

审战机李世民勇歼强敌

隋朝末年,有个叫薛举的将领,趁天下大乱的时机,割据陇西。李渊刚当上皇帝,就率军进攻泾州(今甘肃泾川北)、高墌(今陕西长武北),唐军轻率决战,被薛举打得大败。

薛举不久生病死去,他的儿子薛仁杲继位称帝。薛仁杲力气特别大,善于骑马射箭,被人称为"万人敌"。他把都城迁到长安西北不远的折墌城(今甘肃泾川东北),随时准备进攻唐朝。

李渊趁薛举死去的机会,命李世民为元帅,向薛仁杲发动进攻。唐军进抵高墌,薛仁杲派他的大将宗罗睺率兵迎

战。宗罗睺多次挑战,李世民严密防守,就是不出营应战。

唐军将领报仇心切,一再请求李世民下令决战。李世民说:"我军经过上一次的大败,士气低落。敌人大胜之后,非常骄傲。当前应只守不战,到敌人嚣张气焰过去,我军士气激奋,可以一战而胜。"为了防止将士冒失出战,李世民下令:"谁敢再说出战二字,一律斩首。"

唐军同薛军相持了六十多天,到十一月间,宗罗睺的军粮吃完了,军心涣散了,有的将领偷偷带领士兵投降唐军。李世民是善于捕捉战机的,他认为决战的时机已经到来。

李世民先派行军总管梁实率领一支人马,到浅水原另外扎一个寨子,引诱敌军。宗罗睺大喜,立即调动所有精锐部队攻打梁实。梁实根据李世民的吩咐,严守寨子,消耗敌人。宗罗睺连日急攻,没有奏效,士气大为消沉。而唐军主力以逸待劳,求战心切。李世民这才对将领们说:"时候到了,全歼敌人,在此一举,各位一定要全力拼杀。"

第二天黎明,李世民先命令大将庞玉,率领一支军队向薛军发动攻击,宗罗睺全力迎战。当庞玉在浅水原就要支持不住的时候,李世民亲率大军,从原北向薛军背后发动突然攻击。他领着几十名亲兵首先冲入敌阵,唐军这时真如

猛虎下山,横冲直撞,喊声震天。宗罗睺匆忙回军应战,抵不住唐军两面夹攻,被打得溃不成军。

李世民率领两千多骑兵,马不停蹄,人不解甲,乘胜追击。这时,他的舅舅窦威气喘吁吁地赶了上来,拉住李世民的马缰绳,说:"薛仁杲还有大军防守坚固的都城,不能冒险轻进。请先看看形势,再定下一步的行动吧!"

李世民坚定地说:"消灭薛家军,是我考虑了很久的计划,现在是势如破竹,机不可失,舅舅,你不要再说了。"说着,他急忙甩开窦威,快马加鞭,向前追去。唐军一直追到折墌城,薛仁杲已列阵城下,无奈薛军人心惶惶,许多将领临阵投降。薛仁杲逃入城内。晚上,唐军后续部队赶到,把折墌城团团围住。薛仁杲山穷水尽,只好投降。

战后,诸将问李世民:"相持六十多天不战,一战而大获全胜。元帅只带领骑兵,又没有攻城器械,一直追到折墌城下。大家以为攻不开城,谁知一下就攻开了,这是为什么呢?"

李世民答道:"宗罗睺的将士,骁勇善战。高墌一仗,我们是靠出其不意取得胜利的,并没有消灭他的主力。如果让他们喘过气来,那的确难以攻克。我军穷追猛打,不给敌

人喘息的机会,薛仁杲吓破了胆,只好投降。我轻骑直追,看起来冒险,其实,取胜的道理就在这里。"

《孙子兵法》对军事行动有几句绝妙的形容:"其疾如风,其徐如林,侵掠如火,不动如山。"只有精确把握战机,才能做到这样。故事中,李世民六十多天不出战,正是"锐卒勿攻","不动如山";高墌一战,"侵掠如火",打得敌人措手不及;追击敌人,势如破竹,"其疾如风"。李世民的军事指挥艺术,的确令人叹为观止!

避锐气郭子仪初战告捷

　　唐玄宗天宝末年,朝廷委派李光弼为河东节度使,并令他率一万多官军,开赴河北,支援河北诸郡反对安禄山、史思明叛军的作战。

　　李光弼率军到达已被叛军占据的常山城下,常山百姓暗中联络起事,杀了守城的叛军将领,大开城门,迎接李光弼入城。

　　史思明听到这个消息后,气得七窍生烟,急忙率两万余骑兵,前来争夺。在敌众我寡的情况下,李光弼一面率军出城列阵迎敌,一面又召见刚投降的安禄山部将安思义问计,并告诉他:

"如果你的计策可取,就保全你的性命。"

安思义听了,对李光弼说:

"你的兵马经过长途行军,已经很劳累,又突然遇到强敌来攻,恐怕难以取胜。不如移军入城,坚守不出,再根据敌情的变化,先料定胜负而后乘隙出战。叛军虽然来势凶猛,但旷日持久,得不到什么便宜,锐气就要丧失,人心也会离散。那时你再挥军出战,就可以一战而胜了。"

李光弼觉得安思义的分析有理,便收军入城,坚壁不出,同时派人向朔方节度使郭子仪告急。

郭子仪,武举人出身,骁勇善战,韬略高超,对唐王朝忠心耿耿,是后来平定安史之乱的主要军事统帅。一个多月后,郭子仪率军到达常山,在城东列阵待战。

史思明部将李立节,素以勇悍著名,立即上前挑战。他在唐军阵前耀武扬威,旁若无人。叛军擂起战鼓,呐喊助威。

郭子仪却端坐在一匹白马上,剑眉倒竖,怒目扫视敌军。他已事先通知全军:不准擂鼓,无令不许出城交战。

郭子仪身旁有一位英姿勃勃的年轻将领,骑着一匹红鬃烈马。他叫浑瑊,是郭子仪部将浑释之的儿子。浑瑊十几岁就随父临阵作战,立过不少战功,深得郭子仪的赏识。此时,浑瑊看到李立节这样盛气凌人,就向郭子仪请求出战。郭子仪不允,和蔼地说:"不可焦躁。兵法上说:'避其锐气,击其惰归。'要避开敌军刚来时的锐气,待其松懈疲惫时再出击。眼下敌军刚擂一通鼓,锐气正盛,不可出战。"

叛军呐喊了半天,战鼓又擂了两通,官军仍不出战。叛军将卒以为官军怯阵,人马逐渐松懈,队伍开始有些凌乱。

郭子仪看得真切,对浑瑊大声说:"小将军,立功的机会到了。你领本队人马,截住李立节厮杀,我另派人接应你。"

浑瑊答应一声"是!"就如下山的猛虎,率领士卒直冲李立节杀去。郭子仪急令擂起战鼓,两翼官军同时出击,一时间,阵地上刀枪并举,喊声震天。

叛军突然受到猛烈的攻击,阵势大乱。史思明急忙亲自督战,终因士卒懈怠,无法抵挡官军的猛烈攻势。

史思明一见势头不对,就率军向九门(今河北石家庄东北)方向退去。这一掉头,李立节的前队变成后队,只好也边打边退向九门,浑瑊拍马紧追不舍。叛军眼看快到九门,忽然从树林中杀出一队官军,把史思明的队伍冲得七零八落,李立节也被官军团团围住。这时的李立节已筋疲力尽,

还想拼命杀出重围。浑瑊手下一名士卒执弓箭,瞄得真切,向李立节狠射一箭,李立节身子一晃,浑瑊挥刀砍去,把他半个天灵盖劈了下来。叛军一看大将被杀,一轰而散,四处逃命。官军乘胜追击,大获全胜。

　　安史之乱时,叛军将士十分勇悍,唐军仓促迎战,往往得吃败仗。常山一战,李光弼坚守待援在先,郭子仪避锐击惰在后,取得了对叛军的一次重大胜利。这说明,两军交战,光靠勇力是不行的,还要能选择一个有利的战机,从全局着眼,抓大放小,不计较一时的得失,才会取得最终的胜利。

李愬风雪袭蔡州

　　唐朝到宪宗李纯时期,全国的节度使已增至四十九个。他们拥兵割据,为所欲为,根本不把朝廷放在眼里,成为朝廷的心腹之患。

　　宪宗继位后,决心裁制各地藩镇,加强中央集权,逐步解决这一威胁王朝的痼疾。

　　元和九年,淮西节度使吴少阳去世,他的儿子吴元济割据申州(今河南省信阳市)、光州(今河南省潢川县)、蔡州(今河南省汝南县),烧杀抢掠,称霸一方。唐宪宗曾多次发兵围剿,终未消灭。过了不久,太子詹事李愬被任命为随州(今湖北随州)、邓州(今河南邓县)、唐州(今河南省汝阳

　　县）三州节度使，指挥西路唐军，讨伐吴元济。

　　当时，正是唐兵屡次战败之后，军兵士气低落，畏敌如虎。李愬为了安定军心，四处奔波，慰问士卒，抚恤伤病员。在表面上做出戒备松懈的假象，暗中积极准备向吴元济进攻。李愬在随州、邓州、唐州三地的卓越建树,深得唐宪宗赏识,为表示对讨伐吴元济的支持和对李愬的信任,唐宪宗又增调二千骑兵归李愬调用,以加强讨伐实力。

李愬虽外表上没有加紧备战的迹象,但还是有人把李愬在随、邓、唐三州的情况报告给了吴元济。吴元济自起兵后,所向披靡,许多兵将都是他的手下败将,对刚出茅庐的李愬,根本就没放在眼里。而且他知道大唐兴兵,稍大一点的军事行动都要朝廷派监军,向皇上报告情况,最后由皇上裁决进退攻守,所以,上下不一,指挥不灵,几度挥军征讨,都无功而返。小小李愬,不足为虑。

李愬深知指挥大军行动不可轻举妄动,在朝廷没有把指挥权全部交到自己手上之前,对叛军主要是进行招降。他采取种种手段,分化瓦解吴元济的淮西叛军。先后招抚了丁士良、陈光洽、吴秀中等多名淮西大将,委以重任,由自己指挥。在招降的淮西军中,他仔细询问淮西军的兵力、布防、地形等详细情况,为讨伐行动作了周密且充分的准备。然后李愬以小股军队进占久城栅(今河南省遂平县西)等几个淮西边境要地,切断了吴元济的蔡州与申州、光州的联系,以期各个击破。

部署完毕,李愬先请北路唐军忠武节度使李光颜在郾城(今属河南省)向吴元济开战,一举击败淮西军主力三万余人,使郾城守将投降。吴元济见郾城失守,立刻从蔡州调兵至郾城一线,以防唐军从郾城这个缺口向淮西进军。唐宪宗得知郾城大胜,特派宰相裴度到郾城督战,李愬趁机请裴度向朝廷请求,暂时撤去监军宦官的权力,由各部主将根据情况灵活用兵。唐宪宗见形势很好,裴度又亲临前线,即同意了裴度的请求。

吴元济知裴度抵郾城,疑心唐军要从郾城向淮西进军,将注意力放在了郾城一线,对蔡州的戒备有所放松。

李愬认为奇袭蔡州的时机已成熟,密报裴度,得到了裴度的支持。

这年初冬,天降大雪,大地白茫一片,天气条件极为恶劣。李愬留少量军队留守,以淮西降将李忠义引三千精兵为前锋,自率三千精兵为中军,再选三千人马为后援,九千人马秘密向蔡州进军。一路行军,至傍晚才向士兵们言明此行是去擒拿吴元济。士兵们不顾天黑路滑顶风冒雪急行军一夜,天亮才到蔡州城下,守城士兵竟未发觉,没费多大力气李愬带兵登城而入,尽杀守城士卒,打开城门。李愬带兵进入吴元济宅邸,将吴元济生擒。申、光二州知吴元济被唐军拿获,自告投降,淮西割据局面自此结束。其他藩镇望风归降,唐王朝又一度统一。

《孙子·九变》中有"将在外君命有所不受"的说法。李愬深知部队指挥权的重要,他想方设法,以各种手段,使唐宪宗信任他,交给他兵权。他借机施展才智,平定了淮西。

战广陵杨行密佯北设伏

唐代末年,淮南节度使高骈的部将毕师铎、郑汉章,以讨伐吕用之等奸佞为名,举兵叛变,率军掩至广陵城下（今江苏扬州东北）,同时向宣州观察使秦彦求取援兵,并对秦彦许诺说:"城破之日,请您做元帅。"

秦彦见到这么优厚的条件,十分高兴,立即派其部将秦稠,率领三千兵马,进军扬子江边,援助毕师铎。

在毕师铎率军攻打广陵时,吕用之诈以高骈的名义,署庐州刺使杨行密为行军司马,请他率兵入援。

杨行密从小是个贫苦的孤儿,臂力特别大,一天能走三百里路。他拉了支一百多人的队伍,杀死都将,控制庐州的军队,郡将吓得连忙把官印交给他逃走了,唐朝廷只好任命他做庐州长史。

这时,杨行密的谋士袁袭分析说:"高骈割据一方,但昏庸无能;吕用之受高骈重用,是个奸邪小人;毕师铎挑起战火,大逆不道。他们三人都不是什么好人,迟早要自取灭亡。如今吕用之向我们求兵,这是上天要把淮南交给主公你。请立即发兵前往。"

于是,杨行密便倾庐州全部兵马,还借兵于和州刺使孙端,合兵近万人,向广陵进发。

毕师铎攻进广陵后,高骈不得不任命他为节度副使、行军司马。这时,秦彦也率宣州、歙州兵三万多人,乘竹筏沿江而下,兵不血刃地进入广陵城,自称淮南节度使,也任命毕师铎为行军司马。

不久,杨行密率军也进至广陵城下。

在杨行密兵临城下的情况下,秦彦只好闭城自守。杨行密在城外建立了八个营寨,把广陵紧紧围困起来。因城中乏食,柴粮断绝,秦彦派毕师铎、秦稠率军八千出城进攻庐州军,结果秦稠战死,士卒死伤十之八九,大败而回。

这年八月的一天,秦彦又派毕师铎、郑汉章带领一万二

千人的军队出城作战,在城西列阵,绵延数里,军势很盛。

杨行密的军营设在大明寺附近,敌军正向这边攻来,他却安卧帐中,若无其事地对部下说:

"敌人走近了再告诉我。"

部将李宗礼见敌人兵势很盛,心里害怕,说:

"敌众我寡,应该坚壁自守,再慢慢地准备撤退。"

李涛却主张迎战,并自告奋勇,愿率部作前锋。

"不行,不行!"

杨行密对他们的意见都不接受,只是让他们沉住气。他命令士兵把搜刮来的金帛、小麦聚积到一寨,派一些老弱病残的士卒把守,把大部分军队埋伏在寨子周围,他自己亲率千余人直冲敌阵。

两军刚一交锋,杨行密就假装败退。广陵兵不知是计,乘势发起追击,被引诱到杨军寨中。士兵们发现金帛、小麦堆得像一座座小山,看得眼睛都花了,立即争先恐后地抢夺起来。

正在这时,突然喊声大作,伏兵四起,杨行密也率军掩杀回来,广陵军乱作一团,不知所措,被打得大败。十里战场,尸体填满了河沟,毕师铎、郑汉章等落荒而逃。

　　杨行密在这次广陵之战中,假装败退,用金帛、小麦诱使敌军自乱阵脚,实在是极高明的一招。"佯北勿从,饵兵勿食",自古以来都是兵家常谈,但真败假败,有时难以识别,所以佯北饵兵之计,永远都是克敌制胜的一个很好方法。

善用众赵匡胤大战六合

初夏季节,正是花红叶绿的好时光。后周扬州守将韩令坤刚刚娶了个爱妾杨氏,朝欢暮乐,好不快活。忽然听说南唐将领陆孟俊带了一万军队反攻回来了,不免英雄气短,儿女情长起来。

韩令坤立即派了卫兵护送杨氏出城,先行避敌,自己随后也弃城而逃。半路上却接到皇帝的诏书,说是已经派了军队前来增援。韩令坤只好调转马头,回去守城。

这时,后周皇帝又派赵匡胤镇守六合。赵匡胤就是后来宋朝的开国皇帝宋太祖,英雄盖世,最见不得临阵脱逃的人。他在军中下令说:"见了扬州守军逃到六合,就打断他们的双腿。"

韩令坤见归路已断,索性追回杨氏,准备和陆孟俊决一死战。

不久,韩令坤活捉了陆孟俊。

南唐元帅李景达听说陆孟俊战败,急忙从瓜州北渡长江。当进军到六合附近的时候,唐军探子回来报告说,后周将赵匡胤据守着六合。李景达心想:"赵匡胤可不是个好惹的人物。"便在六合东南二十多里的地方,安营扎寨,逗留不进。

赵匡胤也早已侦悉南唐军动向,按兵不动。诸将纷纷请求出兵,进击李景达,赵匡胤说:"李景达率众前来,半路上扎寨,设防自卫,这明明是怕我呢!如今我的部队只

有二千人，如果前去攻打他，他见我的兵马这么少，反而壮了胆，不如等他来攻，我就可以以逸待劳，不怕打不败他。"

果然，过了几天，六合城外鼓声震天，两万多唐军疯狂杀来，赵匡胤的部队早已养足锐气，立即杀出。只见赵匡胤挥舞着一把长剑，亲自督促士兵。一场鏖战，双方打得难解难分，直到傍晚，士兵们饿得肚子咕咕叫，还没有分出胜负，双方各自鸣金收军。

第二天清晨，赵匡胤集合了队伍，命令士兵们把皮笠放在跟前地上，然后一个个仔细检查过去，只见有几十个皮笠上留下了一道道剑痕。越匡胤指着这些士兵说："你们上阵作战，怎么不肯尽力呢！我督战的时候，曾经刺破你们的皮笠，留作记号。如此不忠，要你们这种人有什么用处？"于是命令把这几十个人绑出军营，全部斩首。士兵们见赵匡胤执行军法这么严厉，心里又害怕又服气，哪还敢偷生怕死！

赵匡胤当即命令部将张琼暗中带领一千人，出城后绕到南唐军背后，切断了他们的退路，自己率领一千人径捣南唐营。

南唐军营里正在吃早饭，突然听到周军来攻，急忙开营迎敌，李景达也走出营门观战。想不到后周军比头一天更加勇猛,个个都像生龙活虎,一下子就冲到中军,竟然将李景达马前的帅旗,用矛打翻。

李景达大吃一惊,连忙掉转马头,返身就逃。帅旗是全军耳目,帅旗一倒,全军大乱,况且李景达逃走了,唐军群龙无首,乱得一塌糊涂,你也逃,我也走,被后周军前截后追,杀死无数。

李景达一阵狂奔,逃到江边。后周将张琼早已列好阵势,等着活捉李景达,还亏得李景达的部将岑楼景拼死抵住张琼,大战了数十回合,李景达带了残兵败将,逃过江去。

这次大战,李景达挑选精兵两万,渡江作战,结果伤亡了一大半。赵匡胤兵马只有两千,却把南唐兵两万人驱杀过江,威名大震。赵匡胤作战,善于鼓动士气,这次攻打李景达的击笠计就是一例。《孙子兵法》说:"民既专一,则勇者不得独进,怯者不得独退,此用众之法也。"赵匡胤可谓善于用众了。

知地利李嗣源驰救幽州

契丹皇帝阿保机挥军南侵,幽州节度使周德威前往迎战。

周德威率三万军队进抵新州城下,远远望见契丹士兵精悍绝伦,又听说阿保机亲率数十万大军,前来增援,料知不能抵抗,引兵退还。到了半途,突然听到后面喊声大震,契丹兵已经杀到。

周德威回马北望,只见契丹骑兵漫山遍野,汹涌而来,急忙下令布阵。阵刚布定,敌骑已至,凭着一股锐气,杀入阵中。周德威招架不住,边战边退,只有数千人保护着他,狼狈急奔,逃回幽州。

契丹兵乘胜进逼城下，扬言拥兵百万，毡车毳幕，遍地都是。沿途俘获的士兵百姓，全用长绳捆住，连头带足，像捆猪一样，悬挂在树上。

阿保机指挥军队围攻幽州，降将卢文进请造飞梯地道，仰攻俯掘。城中守军用铜铁熔汁，上下挥洒，敌众一旦沾染，被烫得皮焦肉烂，嗷嗷大叫。

周德威一面固守，一面请晋王李存勖派兵火速救援。

晋将李嗣源、阎宝、李存审等，率领步骑七万，在易州（今河北易县）集结，进援幽州。

李嗣源和李存审商议道：

"契丹骑兵，善于平原旷野作战，我军利于据险作战。我们不如从山道潜行，开赴幽州。一旦和敌人遭遇，可以据险抵抗，敌骑占不了便宜。"

李存审表示赞同。

晋军越过大房岭，沿山涧向东进发。

李嗣源和养子李从琦率三千骑兵为先锋，快速前进，到达离幽州六十里的地方，遇上一股契丹兵。契丹兵惊恐退却，晋军从两翼跟随追击。契丹兵在山上，晋军在涧下，每到谷口，契丹兵邀击，李嗣源父子率将士力战，才得以前进。

到了山口,契丹骑兵一万多人在前面堵击,晋军惊恐失色。李嗣源亲自带领一百多个骑兵,走在队伍前面,免胄扬鞭,用契丹语大声说道:

"你们无故侵我疆土,晋王命令百万雄师,直捣你们的都城,你们还在这里做什么?"

契丹兵听了这话,不免心惊,你瞧着我,我瞧着你。李嗣源趁势冲入敌阵,手起刀落,斩杀了一名头目。后续部队奋勇冲击,将契丹兵打退,直奔幽州。

这时,阿保机攻城不下,又碰上酷暑多雨季节,已经班师回国,只留部将卢国用围城。卢国用听说晋救兵到来,早就列好阵势,等着晋军。

李存审观察了敌军阵势,觉得不能硬拼,应该先用计乱了敌人阵脚。于是他命令精锐步兵埋伏在阵后,让他们不要轻举妄动。晋军骑兵率先冲锋,后面紧跟一些老弱残兵,拖着柴,燃着草,高声呐喊,冲向敌阵。

一时间,烟尘蔽天,杀声震地,弄得契丹兵莫名其妙,判断不出晋军到底有多少兵力,急忙出阵迎战。

李存审见敌人阵势已乱,一声令下,阵后伏兵,鼓噪而上,趁着烟雾迷离的时候,人自为战,奋勇拼杀。契丹兵未战先慌,大败而逃,晋军穷追猛打,俘斩无数。晋军胜利地进入幽州。

李嗣源等人救援幽州作战的胜利,关键在于正确选择了有利的进军路线,使自己的劣势之军,处于主动地位,有效地限制了契丹发挥骑兵的威力。

围师必缺刘江智歼倭寇

明朝的时候,日本国内长期战乱,许多溃兵败将、武士浪人,流亡到海岛上。他们与冒险的商人相勾结,不断对中国和朝鲜沿海地区进行侵扰和掠夺。中国军民奋起抗御外侮,涌现了很多抗倭名将。这里要讲的,是明初刘江在辽东半岛剿灭倭寇的故事。

刘江原来是徐达的部将,明初在燕王朱棣府中任职,受到朱棣的器重。在朱棣夺取皇位的靖难之役和以后北伐蒙古残部的战争中,他屡立战功,被任命为总兵官,镇守辽东。

刘江到辽东时,倭寇的侵略活动十分猖獗。北起辽东半岛,南到闽浙,沿海郡县深受其害。他们烧毁民居,抢劫

财物,奸淫妇女,杀掠人口,无恶不作。刘江一到辽东,决心赶走倭寇。

刘江先巡视了沿海岛屿,和将领仔细研究地形。他发现金州卫(今辽宁金县)金线岛西北的望海埚,离金州城仅70里,地势较高,可以瞭望周围岛屿,而且是倭寇的必经之路,称得上是辽东沿海的咽喉之地。刘江立刻报告朝廷,请求在望海埚构筑城堡,设立烽火台,常年派人观察。

有一天,值班瞭望的士兵报告说:"昨晚东南方向王家岛上发现火光。"刘江估计倭寇将来侵扰,立刻派遣一队步、骑兵进驻埚上小堡,准备战斗。又命令犒劳全体将士,喂饱战马,自己则淡笑风生,似乎胸有成竹。刘江从容部署,命令都指挥徐刚在山下设置伏兵,百户长姜隆带领壮士绕到敌人身后,目标是烧毁倭寇的船只,切断他们的归路。并和将士约法三章:"待到令旗高举,炮声一响,伏兵奋起出击,有违抗命令者,将按军法惩处。"

第二天,两千多个倭寇乘坐海船,直往望海埚驶来。倭寇抛船登岸后,乱轰轰地向岛内鱼贯而行,一边走一边吵吵嚷嚷,如入无人之境。

等到这伙强盗进入明军伏击圈内,刘江披头散发,高举

战旗。随着一声炮响,伏兵一拥而出,从两翼猛攻倭寇。倭寇猝然受攻,很多人还没有反应过来,脑袋瓜已经滚进草丛。在乱战中拣了一条命的倭寇逃进附近樱桃空堡中。

明军大胜倭寇,士气高昂,包围了樱桃堡,四面猛攻。将士们都想冲进堡内,杀光倭寇。刘江连忙制止。他命令堡西的士兵停止进攻,让开一个口子,使敌人逃出来。

倭寇逃入堡内,正在拼死抵抗,一见西面没有明军进攻,纷纷夺路而逃,可刚一逃出来,就遭到明军两面夹击,全军覆灭。

这一战,明军生擒倭寇130人,杀死一千多人。倭寇被吓破了胆,此后几十年中,都没敢再来侵扰。

战后,明军将士兴高采烈,但对刘江的指挥不理解,就问刘江:"当倭寇将来侵犯的时候,你心定气闲,像没事一样,一个劲让我们吃饱肚子,喂饱战马。等到临阵作战,你披散头发指挥作战。倭寇逃进堡中,你又不让我们冲杀,而放他们出来。这是为什么呢?"

刘江朗声笑道:"倭寇从海上远来,必定又饿又累,我们就以逸待劳,以饱待饥,这是兵法上说的活力之法。倭寇上岸后鱼贯而来,成长蛇阵形,我故意披头散发,装作武士的样子,用来镇服他们。虽然士兵们见了不雅,但也可以壮壮你们的胆气。倭寇逃进空堡,眼看要被困死在里头,我们去冲杀,他们肯定会不要命地死守,我军难道能没有伤亡吗?我就放他们出来,然后两面夹攻,这就是兵法上说的'围师必缺'。"

将士们听了这些话,对刘江更加钦佩。

刘江所说的这几条兵法,都见于《孙子兵法》的"军争篇"。故事说明,战争中的最佳战机,我军战斗力最强而敌军战斗力最弱,我军士气最高昂而敌军士气最低落。把握甚至创造这样的战机者胜,反之必败。战争中的最佳效果,以最小的伤亡,歼灭最多的敌人。以不必要牺牲换取的胜利,虽胜犹败。

柿园役李自成弃金诱敌

崇祯十五年,李自成大败明左良玉军,取得朱仙镇大捷后,又加紧围攻开封。

在起义军兵临城下时,明周王朱恭枵连连告急。明朝廷虽然曾派山东总兵刘泽清渡过黄河,西救开封,但很快就被起义军击退。这时,河南境内的官军再也没有可以增援开封的机动兵力了。明统治者把唯一的希望寄托在陕西总督孙传庭的身上,严令他东援河南。

孙传庭受命之后,在西安首先杀了骄横跋扈、每战先逃的总兵官贺人龙,大力扩兵筹饷,加紧训练军队,积极准备东进,但当时关中连年遭受旱灾,百姓饥荒。兵源粮饷都很短缺,孙传庭没有立即行动。

到这年9月,开封已被围困半年,明军饥疲不堪,居民饿死十之二三。明军将领不顾百姓的死活,在开封城西北17里的朱家寨口,掘开黄河,企图水淹起义军。李自成及时发觉了敌人的阴谋,迅速将部队撤到安全地带,明军的企图才没有得逞。

9月中旬,大雨连绵,河水骤涨,整个开封城被洪水淹没。周王朱恭枵等乘小舟入黄河逃跑,农民军浮舟入城,占领开封。

明崇祯帝朱由检见农民军连连获胜,攻克城池,极为震怒,一日数诏,催促孙传庭尽快发兵河南。孙传庭不得已,纠集陕西军队数万及部分地主武装东出潼关。此时,因为开封已陷,孙传庭军便直接开赴南阳。李自成闻讯,立即率军西进,准备迎击。

10月24日,孙传庭的军队进抵河南陕县时,侦知李.自成农民军已向西开来。孙传庭老奸巨滑,决定分兵三路,围歼起义军。

他命令总兵高杰军在中,左勃军在左,郑嘉栋军在右,担任伏击;又以牛成虎军为前锋,略作抵挡,即假装败退,把

李自成军引诱到伏击圈
内,企图歼灭起义军。

李自成率军赶来,
与牛成虎接战,牛成虎
军打着打着向后退去。
李自成没有识破敌人的
阴谋,贸然前进,结果中
敌埋伏,一场苦战,牺牲
达一千多人。

这时,李白成如梦
方醒,发现中计,及时命
令部队撤出战斗,向东退却,并在沿途故意遗弃了很多衣甲
金珠。

明军紧紧追击,途中发现许多衣甲金珠,以为是农民军
忙于撤退才丢弃,便相互争抢,乱作一团。李白成挥军退至
陕县东北30里的冢头,估计明军阵势已十分混乱,乘机突
然回师反击。

当时,孙传庭军从陕西赶到河南,本来就很疲劳。在追
击农民军时,天又下着大雨,明军的粮车跟不上,就采摘路

边的青柿充饥,士兵们又冻又饿。

起义军罗汝才部正好后续赶到,并立即投入战斗,两面夹击,大败明军,歼敌数万。

孙传庭在遭到重大损失后,带领残兵败将狼狈地逃回陕西。

这次战役,史书上称为"柿园之役",是李自成起义军第四次歼灭明军的大胜利。战后起义军拥众号百万,连营500里,声势之盛,前所未有。战争形势瞬息万变,常有一着错满盘皆输的戏剧性场面。《孙子兵法》提出"佯北勿从"、"饵兵勿食"、"穷寇勿追"等原则,就是要人们谨慎小心。但不能遵守者实在太多,这就给败中求胜者留下了广阔的用脑之地。故事中,李自成先败后胜的奥妙,就在于将计就计,弃金诱敌,乱敌阵势,然后打得对方措手不及。

三河镇李续宾孤军犯险

太平天国后期,屡战屡败的湘军,重新纠集力量,向太平军发动疯狂反扑。

湘军悍将、湘江布政使李续宾奉曾国藩之命,亲率数万清兵,浩浩荡荡地扑向太平天国的属地——安徽,并攻占了九江等镇。

"我们很快就可以消灭长毛贼啦!"湖广总督官文得到李续宾初战捷报,欣喜若狂地四处宣示,仿佛洪秀全已住进他的监狱。

接着,官文与湖北巡抚胡林翼又派出精锐部队,配合李续宾进兵安徽。很快,李续宾率领的八千精兵逼近了庐州西南的重要屏障——三河镇。

三河镇,地处界河之南,巢湖之西,城中屯积着庐州与天京所需的大批军火和粮草。而且城墙坚固,还有9座砖垒作为外围防御,加上凭河设险,易守难攻。"三河镇危机,请英王速派援兵!"

面对来势汹汹的清军,守军首领吴定规一日五次向陈玉成求援。

"三河镇的安危直接关系天京的存亡,决不可大意。"接到告急文书的陈五成深思着。为了确保三河镇的安全,他一面派兵驰援三河镇,一面派人禀明天王,请求调集能征善战的忠王李秀成来围攻李续宾,争取一举成功,以挫清军锐气。

到达三河镇的李续宾部队,很快发起了攻击,凭着先进

的武器‘举攻破了外围的砖垒。但面对坚固、高耸的城墙，和那些英勇顽强的天国勇士，清军也只有望城兴叹了，士气立时低落下来。

"听说陈玉成和李秀成的部队已来增援三河镇，我们应早些退回桐城，等待时机。"

"不撤退就会腹背受敌的。"

"再不撤可就进退两难了！"

得知天国援军将到，将士们人心惶惶，众说纷纭，希望能避过太平军的锋芒。

"不，我决不后退，我不怕几个援军，三河镇很快就是我的囊中之物了，我不会前功尽弃的，进攻，我一定要消灭洪秀全！"

一向刚愎自用，狂妄自大的李续宾不顾部下的劝阻，坚持对三河镇进攻。

此时，敌对双方的形势已发生了巨大的变化，进抵三河的太平军已达十万余人，陈玉成与李秀成的部队分别驻扎进金牛镇与白石山，包围了清军的两翼，庐州的太平军已截断了李续宾前后方部队的联系。

"我们要先设好埋伏，利用李续宾急于求成的心理，诱敌深入，四面出击，一举歼灭李部，以解天京之危。"

陈玉成、李秀成详细分析敌人，晴况，制定了作战方案。并进行了周密的部署。

面对太平军优势兵力的威胁，李续宾仍一意孤行，并决心要先消灭陈玉成部，他派出七营精锐步兵，于次日拂晓偷袭金牛镇。当时大雾漾漾，清军冲进陈玉成营地后，只闻人声，不见人影，清军追着散兵跑了很远。

"冲啊，杀啊，活捉李续宾！"

突然，四周响起喊杀声，清军陷入了太平军的重围。

李续宾闻讯，急忙率兵救援，遇到陈玉成部的截击，连续十次冲锋，均未奏效，李秀成等部亦陆续赶来，李续宾见势不妙，连忙逃归大营，并传令坚守。

"我的一切全完了！"

被困的李续宾见败局已定，再无挽回的能力，自己也难逃厄运，悲叹着上吊死了。

"百里而争利，则蹶上将军"。《孙子兵法》已告诫那些急功进利者，不可孤军犯险。李续宾却自恃兵强将勇，急躁进兵，以博高官厚禄，不料聪明反被聪明误，兵败身死。

宋军战辽分胜负

北宋自太祖赵匡胤至钦宗赵桓,边患不绝,狼烟频起,大小战事,不计其数,有胜有负,自应了"兵家常事"的俗话。不过,领兵出征,必须先将兵法烂熟于心,才能灵活机动地在战场上实施,才可能保证常胜不败。

那是在宋太平兴国四年,辽景宗准备大举进攻北宋。这日,辽景宗对群臣说:

"我大辽国兵强马壮,民心安定,唯一遗憾的是,我们的土地太少了。若能拥有中原辽阔的土地,那我们的国家将能雄霸于整个中国。"

群臣被他说得热血沸腾,立刻感到夺取中原之地势在

必行。直率粗犷的燕王韩匡嗣早已忍耐不住了,放开嗓门大声喊道:

"陛下干脆立刻下令,让臣带兵前去攻打宋军,夺取中原之地。"

景宗笑道:"卿不必着急,迟早会有这一天的。"

果不其然,为时不长,景宗正式下令,燕王韩匡嗣为统帅,宰相耶律沙为都监,率十万大军南下。

辽军到达了镇州,镇州的总领名叫刘延翰。城里的宋兵,当时士气非常低落,因为前不久,刚刚在高梁河(今北京城西北)与辽军战败,他们知道,辽军身强力壮,勇猛无比,争强好斗,是根本敌不过的。

主帅刘延翰却不这样认为,他告诫众军士说:"兵来将挡,水来土掩,此作战常理。辽军并不可怕,他们也有弱点,我们可以适当地抓住他们的弱点,然后就可以击败他们。"

这日,刘延翰闻报,辽军的骑兵已经围在城下了。刘延翰听后,连忙披挂整齐,出得门来,走上城墙,眺望辽军。一看,辽军果然气势不小,个个威武勇猛,有必胜的信心。但他发现,辽军的骑兵漫山遍野,根本没有队形。他为自己的发现不禁拍手称快,走下城墙以后,他立刻召来士兵,高兴

地说道：

"大家不用担心，这次战争我们有胜利的把握。"他看看大家迷惑不解的神态，继续说：

"辽军队列散乱，没有阵势，我们可以按方阵击破他们，做到这点是很容易的。另外，辽兵是乘胜而来，根本没把我们放在眼里。大家要明白，骄兵必败。我略略施点诈降之术，敌兵肯定上钩。"

接着，他按计划布置了一番，然后趁辽军不备之时，掩杀过去，辽军没有防备，被杀得人仰马翻，遑遑逃窜，宋军大胜。

这次战斗后的第二年十月，景宗耶律贤为雪年前失败之耻，亲自率领十万大军向雄州（今河北省雄县）推进，到达瓦桥关一带。

瓦桥关地处平原,一望千里,周围无险可依,城墙残破,不宜久留,是用兵打仗的好地方。守在这里的宋兵将领是米信,他自以为这是宋兵的势力范围,再加上宋军的援兵快到了,因此对辽军根本不加提防。

可米信错了,这天夜里,他正在熟睡,突听外面喊杀震天,火光四照,披衣起床一看,辽军早已冲入城内,与宋兵生死肉搏,四面一片火海。米信看得两腿发软,倒在了地上。宋军就这样失败了。

宋军的一胜一负,我们可以看出,用兵之法在战争中的决定性作用,将领运筹帷幄才会决胜千里。

李元昊巧用家鸽

　　宋康定元年的冬天，天阴沉沉的，寒风呼啸，卷着雪花，一队人马浩浩荡荡地行进在蜿蜒的山道上，向陕西延州（今延安市）方面开去，走在队伍最前面的是西夏国的开国皇帝李元昊，只见他神情威严，身着战袍，全副武装。他准备进袭延州，攻破宋朝的北方要塞。

　　到了延州，宋朝的守城壁垒森严，两军展开了激烈的战斗，连续七天七夜，不曾攻进城去，天又不断下着大雪，李元昊见城堡难攻，怕部下损失严重，便下令撤军了。

　　城堡虽未攻下，可宋仁宗却害怕了，他连忙召集大臣们商议对策。陕西经略安抚副使韩琦对仁宗说："陛下，依臣

之见,西夏军素与朝廷对抗,此次退兵,只是缓兵之计,为遏止他们,只有主动出击。"话音刚落,另一使臣忙站起来说:"且慢,西夏军有十万之众,而且训练有素,不可妄动。"宋仁宗听了臣子们的不同建议,也不知该怎么办,只好暂时按兵不动。

李元昊撤兵后,又重新修整了一番,听说宋仁宗正犹疑不定,便立刻召集属下商议,准备再次出击宋朝。

不久,西夏的十万大军又出发了,而且声势浩大,直抵怀远城。

宋仁宗见西夏军又来进犯,慌忙派人迎战,在怀远,两军展开了激战。开始,西夏军还向宋军不断进攻,宋军在顽强地抵抗。打着打着,西夏军便渐渐地后退,一边打一边

退,一边战一边走。

宋军见状,以为西夏军害怕了,便更英勇地追击,一路上猛杀猛打。西夏军见宋军追得厉害,干脆收兵向好水川方向撤退。宋军将领哪肯放过他们,紧追不舍,追到第二天黄昏,追到了好水川才停了下来,在川口整兵,准备第二天与西夏军来一场决战,一举歼灭他们。

李元昊见宋军追来,颇为得意。他亲自指挥部队在好水川西面做好准备,布置好伏兵,等着第二天宋军前来送死。

第二天凌晨,宋军将领便急不可待地领着部队沿水川向西去袭击西夏军。当大军走到羊牧隆城东四五里远的地方,发现有几十只精制的盒子扔在路中央,挡住了去路。

宋军兵士觉得很奇怪,便停在那里。将领任福翻身下马,带了几个人来到盒子跟前,不知里边是什么东西。他领人小心翼翼地打开了一只盒子,扑棱棱、扑棱棱,从里边飞出了十几只鸽子,一边叫着,一边向天空飞去。

任福命人将所有的盒子打开,上百只鸽子扑棱着翅膀,清脆地叫着飞向天空。士兵们被这奇怪的现象惊呆了,任福也在纳闷,大家便七嘴八舌猜疑开了。

这时,西夏军见鸽子飞向天空,不断叫着,便知宋军已到,立即向鸽子起飞处疾驰而来,宋军还没弄清是怎么回事,夏军已到跟前,任福忙跳上马背,仓促迎战。夏军勇猛地冲了上来,而宋军的阵列还没来得及列上就大乱起来。西夏兵乘机猛杀猛打,宋军连连后退。

忽然,好水川两侧各树起了一面两丈多高的大旗,大旗挥动,宋军的两侧突然杀出了几千名伏兵,宋军毫无准备,招架不住,全军溃败了,将领任福也战死了。

西夏军欢欣鼓舞,李元昊也笑逐颜开,对士兵们说:"没想到鸽子为咱们立了大功了。"李元昊是第一次训练使用信鸽,在他之前,还没有人试验过。从此以后,人们才开始重视鸽子的作用。

孙子说:善动敌者,形之,敌必从之;予之,敌必取之;以利动之,以本待之。就是说将帅要用假相让敌人听从调动,给敌人以小利,让他上钩,再用重兵去攻击敌人。

李元昊运筹周密,先让夏军诈败,引敌深入,然后尽出两翼伏兵,全歼敌军,是懂得兵法的将帅呀!

击惰归章楶御边战环州

北宋时期,西夏人以为宋朝软弱可欺,日益骄横,经常寇犯宋朝边疆。

知庆州(今甘肃庆阳)章楶向朝廷建议说:

"夏人贪利畏威,不予以武力惩罚,边境永远不得安宁。应该各路共同出兵,将他们痛打一顿,攻取西夏部分疆土,在境外要害位置,建立据点,这样夏人的势力自然就收敛了。"

章楶一有机会,就派出轻兵进击夏军,屡有所获,不让西夏边界部族宁居。他的目的是要引诱西夏大军进犯,然后予以痛歼。

不久,夏人果然大举入侵,包围环州(今甘肃中卫县东)。章楶事先通过间谍探听到这一消息,立即选派精兵万人,由骁将折可适等人率领,迎击夏军。

出战以前,章楶向折可适指授方略。他说:

"我军先不要和敌人正面交锋,敌进一舍,我退一舍。夏军必定以为我们胆怯畏战,便不再防备我方边垒。我军却乘其不备,绕道潜出其后,埋伏在边境的城堡或山谷中,寻找机会,消灭敌人回国的军队。"

环州境外,都是沙碛地带,靠近城池百余里的地方,有少数民族部落的牛圈,那些积水的地方是夏人饮水和饮牲畜的地方,章楶派人在黑夜里全部投了毒。

西夏大军蜂拥而至,攻入宋境,只遇到一些小股部队的抵抗,很快就把环州团团包围起来。但环州的守军极为顽强,夏军屯兵坚城之下,连攻七日未能奏效,最后一无所获而归。

宋将折可适在派出小股诱敌之兵的同时,亲率主力部队,绕道开往宋夏边境,早已暗中进驻洪德城,伺机出击。

夏军在环州城下撤退时,折可适估计他们一定会经过洪德城,并且不会加强戒备,便在这里设下了伏兵。

不久,夏军果然经洪德城向境内撤退。这时西夏军举着夏主的母亲梁氏的旗帜走了过来,折可适心中大喜,一声令下,城中宋军突然鼓噪而出,横冲直杀,把夏军截为数段。

夏军被冲杀得七零八落,懵头转向,茫然不知所措,纷纷夺路而逃。梁氏在混战中,险些送命,最后扔掉一切侥幸逃跑了。

夏军被打败后,跑回境内,饥渴交迫,刚刚喝了牛圈水,人马便全都中毒,死伤不计其数。

后来,章楶改知渭州(今甘肃平凉),一到任就请求在葫芦河川筑城,占据有利地形,威逼西夏,得到朝廷批准。章楶率渭州等四路军队出葫芦河川,在好水河南岸筑了两座城,宋哲宗赐名平夏城、灵平砦。其他各地相继筑城,进拓西夏疆土。

从此,夏军小股部队再也不敢轻易出动。夏主和他的母亲亲率数十万兵马围攻平夏城,猛攻十余日,造高车临城,填平城外濠沟,但始终无法攻克,没有办法,在一个晚上悄悄撤走了。

夏军两位主将英勇善战,章楶得知他们的戒备很松弛,便派折可适等率轻骑连夜偷袭,直冲入营帐将他们活捉,俘虏了他们的家属等三千多人,牛羊一万多头。夏主大为震骇,落荒而逃。

夏军从平夏之败,便一蹶不振,多次派人到宋朝请求讲和,哲宗同意停战。章楶在宋夏战争中立下了汗马功劳。

《孙子兵法》说:"善用兵者,避其锐气,击其惰归,此治气者也。以治待乱,以静待哗,此治心者也。以近待远,以佚待劳,以饱待饥,此治力者也。"章楶所运筹指挥的环州保卫战,将治气、治心、治力三者融为一体,胜利地达到了预定作战目标。